EXTRAIT DES LETTRES

ADRESSÉES

A Mr. LEBORGNE DE BOIGNE,

Auteur de l'Ouvrage intitulé : *Nouveau Système de colonisation pour Saint-Domingue* (*) ;

PAR LES CHAMBRES DU COMMERCE MARITIME DE FRANCE.

Par la Chambre de Commerce de Bordeaux, en date du 6 Juin 1817.

Permettez-nous, Monsieur, de vous exprimer le grand intérêt que nous inspire votre précieux travail, et la vive reconnaissance dont nous sommes pénétrés, pour les veilles et les soins que vous avez consacrés à cet objet, qui importe si essentiellement à la prospérité

(*) *Paris*, 1817. Un vol. *in*-8°. Chez Dondey-Dupré, Imprimeur-Libraire, rue Saint-Louis au Marais, N°. 46.

du commerce en général, et particulièrement à celui de la place de Bordeaux.

Nous serons, Monsieur, constamment animés de ces sentimens; en cherchant par la lecture et la méditation de votre ouvrage, à nous pénétrer des vues utiles que vous y présentez; et d'après l'invitation que vous nous en faites, nous aurons l'honneur de vous faire part des réflexions qu'elles nous auront suggérées.

Pour les Membres de la Chambre de Commerce,
Signé *Maigné*, Secrétaire.

Par la Chambre de Commerce de Nantes, en date du 5 *Juin* 1817.

.... Un premier aperçu sur le plan de votre Ouvrage, nous y a fait reconnaître des vues fort étendues, une grande connaissance du pays et de ses ressources présentes. Nous le méditerons avec toute l'attention que mérite le sujet et que commande la manière dont vous l'avez traité; mais peut-être appartient-il mieux au Gouvernement qu'à de simples particuliers, d'apprécier tout le mérite de cet ouvrage, en ce qui regarde la possibilité de concourir à l'accomplissement des vœux que chacun forme pour qu'une portion, du moins, des ressources qu'a offertes anciennement la colonie de Saint-Domingue, ne soit pas à jamais perdue pour la France.

Signés *Franç. Delaville*, président; *Pierre Collet*, *Soubzmain*, *de la Motte*, *Coquebert*, *Jacques François*, *Ch. A. Gouin*, *Ch. Rossel*, *Dubois-Mary*, *Mery*, *Louis Levesque*, *Henri Bertrand*, *Alexis Bonamy*.

Par la Chambre de Commerce de Marseille, en date du 12 *Août* 1817.

.... L'importante et riche colonie de Saint-Domingue a beaucoup souffert; une population nouvelle s'y est élevée sur les débris de ses anciens habitans.

Il serait peut-être aussi contraire aux calculs d'une sage politique qu'il l'est aux sentimens de l'humanité, de s'exposer à renouveler des scènes de carnage et de dévastation dont cette malheureuse colonie a été le théâtre.

On n'y arracherait pas aisément l'autorité des mains de ceux qui s'en sont emparés, tandis qu'on peut espérer de la faire rentrer sous la domination du Roi, sans lui faire éprouver de nouvelles secousses, en employant les moyens que vous avez indiqués.

Ce système de colonisation pour Saint-Domingue

doit fixer l'attention du Gouvernement du Roi, autant par l'importance de son sujet, que par la manière dont vous l'avez présenté.

La colonie de Saint-Domingue rendrait au commerce national un de ses plus grands moyens de prospérité : de quelle gratitude ne doit-il pas être pénétré pour les Écrivains distingués qui, comme vous, Monsieur, cherchent à lui en aplanir les routes et à lui en faciliter le retour.

Signés *Joseph Allard*, vice-président; *Regnaud*, *Saint-Aman de Fabron*, *Pierre-Louis Roux*, *P. Perron*, *Raymond*, *Richard*, *Jacques Tardieu*, *Ch. Sejourné*, *A. H. Millot*, *Denis Roland*.

Pour copie conforme aux lettres originales,

LEBORGNE DE BOIGNE.

IMPRIMERIE DE DONDEY-DUPRÉ,
Rue St.-Louis, n°. 46, au Marais.

NOUVEAU SYSTÈME

DE COLONISATION

POUR SAINT-DOMINGUE.

IMPRIMERIE DE DONDEY-DUPRÉ.

NOUVEAU SYSTÈME
DE COLONISATION
POUR SAINT-DOMINGUE,

COMBINÉ

AVEC LA CRÉATION D'UNE COMPAGNIE DE COMMERCE
POUR RÉTABLIR LES RELATIONS DE LA FRANCE AVEC CETTE ISLE;

PRÉCÉDÉ

DE CONSIDÉRATIONS GÉNÉRALES

SUR LE RÉGIME COLONIAL DES EUROPÉENS DANS LES DEUX INDES.

PAR L'ORDONNATEUR DES GUERRES

LEBORGNE DE BOIGNE,

Chevalier de l'Ordre royal et militaire de St.-Louis, ex-Délégué du Gouvernement à St.-Domingue, et ex-Législateur, Député de cette Colonie.

Florebo quocunque ferar.

Devise des Armes de la Compagnie des Indes créée par Louis XIV.

PRIX : 5 FR.

A PARIS,

CHEZ DONDEY-DUPRÉ, Imprimeur-Libraire, rue St.-Louis, nº. 46, au Marais, et rue Neuve St.-Marc, nº. 10.
DELAUNAY, Libraire, Palais-Royal, galerie de bois.

1817.

Cet ouvrage se trouve aussi

A Bayonne, chez CLUZEAU, imprimeur-libraire;

A Bordeaux, chez MELON et FERRET, libraires;

A Brest, chez MICHEL et ÉGASSE, libraires;

A Calais, chez LELEU, libraire;

A Cherbourg, chez BOULANGER, imprimeur-libraire;

Au Hâvre, chez CHAPELLE, libraire;

A Lille, chez VANAKÈRE et CASTIAUX, libraires;

A Lorient, chez LECOAT, libraire;

A Lyon, chez CHAMBET, libraire;

A Marseille, chez MASSWERT, libraire.

A Nantes, chez BUSSEUIL aîné, libraire;

A Rouen, chez FRÈRE et RENAUT, libraires;

A Toulon, chez CURET, libraire;

AVERTISSEMENT
DE L'ÉDITEUR.

L'OUVRAGE que nous publions, sous le titre de *Nouveau Système de Colonisation pour Saint-Domingue*, était livré à l'impression au moment où parut *celui sur les Colonies, par M. de Pradt, ancien Archevêque de Malines.*

Cet auteur, célèbre par sa réputation littéraire, devait répandre un grand jour sur cette question, si digne de fixer, à l'époque présente, les regards de la politique et de la philosophie. En effet, le Nouveau Monde, long-temps asservi aux destinées de l'Europe, semble, en prenant les États-Unis pour modèle, s'ébranler dans toutes ses parties, et courir aux armes pour secouer le joug auquel il a été soumis jusqu'à présent. Il a fallu laisser à cet ouvrage le privilége, qui lui appartient, d'instruire et d'éclairer.

M. de Pradt, s'élevant à la hauteur de son

sujet, et de l'abbé Raynal, son immortel précurseur, dans l'*Histoire politique et philosophique des Deux Indes*, le surpassant quelquefois par la hardiesse de ses pensées, la tournure de ses expressions, et l'imitant souvent, plane, comme un aigle, sur les deux hémisphères. Il annonce, il prédit l'issue de cette lutte, amenée et préparée par les fautes des divers Gouvernemens de l'Europe.

Suivant cet auteur, tous n'ont qu'un parti à prendre, c'est celui de renoncer à l'injuste prétention de donner des lois à des peuples assez éclairés pour les délibérer, et assez forts pour s'affranchir d'une trop longue dépendance : la séparation du Nouveau Monde est enfin arrivée à son terme.

Ainsi l'ancien verrait se tarir pour lui les sources de son commerce et de ses richesses; il verrait le fruit des efforts redoublés qu'il a faits pendant trois siècles pour se les approprier, s'anéantir à jamais pour lui, avec la cause de tant de guerres, de gloire, et de revers éclatans.

L'auteur du *Nouveau Système de Colonisation* ne prend pas un vol aussi élevé, ni aussi rapide. S'il voit cette révolution s'avancer à grands pas, il en assigne les causes principales et plus directes ; il la suit ; il en développe les progrès et les conséquences. Il déplore l'indifférence de l'Europe sur la catastrophe dont elle est menacée.

L'auteur ne se borne pas à tracer ces événemens ; il cherche les moyens d'en arrêter le cours et les résultats. Il juge, et il entraîne à penser, avec lui, qu'il est nécessaire, autant que possible, d'opposer une digue à ce torrent qui se grossit et se déborde, et qui, déposant ses ravages sur des puissances favorisées, les enrichira des dépouilles arrachées à d'autres.

Aussi, cet ouvrage est-il écrit dans des vues d'un intérêt général, et plus particulièrement dans un but utile à la France. Cette intention, digne d'éloge, suffit pour le faire distinguer, et pour assigner à son auteur une part honorable à la reconnaissance publique, si le succès répond à ses vœux.

La grande question relative aux colonies a été

méditée et traitée à fond : l'auteur la parcourt dans des détails encore inconnus, ainsi que la chaîne qui les lie, moins en historien et en écrivain qu'en homme d'État qui a vu les choses et les pays qu'il décrit, de même qu'il a administré et gouverné celles des possessions dont il s'occupe spécialement.

Cet ouvrage, qui se fait remarquer par la sagesse et par les idées neuves qu'il renferme, paraît devoir fixer les principes à suivre pour ce qui concerne Saint-Domingue.

Éclairé et guidé par l'expérience, l'auteur recompose, des élémens qui semblent être détruits, un nouveau système de colonisation, d'abord particulier à cette importante possession, et s'appuyant sur cette base, que la France ne peut ajourner plus long-temps les mesures qui doivent y rétablir son commerce et ressaisir le Roi de la souveraineté de ce pays, il démontre que les puissances maritimes sont essentiellement intéressées à s'unir pour relever cette barrière, et les préserver des mêmes dangers dans cette partie du Monde.

Dans de telles circonstances, l'auteur examine s'il ne conviendrait pas, qu'à cette époque, les métropoles se garantissent, réciproquement, leurs possessions respectives ; et considérant qu'elles forment le domaine du commerce européen, il appelle son concours à cette utile entreprise ; il lui en confie la direction, comme il doit en recueillir tous les avantages.

Ce n'est point une croisade armée qu'il s'agit de créer, mais une alliance formée par les bienfaits, et ayant une oriflamme qui porterait les signes de l'abondance, de la paix et de l'union.

Les moyens indiqués pour franchir les obstacles que ce système généreux pourrait rencontrer à Saint-Domingue, sont calculés et mesurés sur toutes les résistances. Ils ont surtout pour objet de prévenir de nouvelles commotions, qu'il serait trop dangereux de reproduire.

Enfin, cet ouvrage porte la conviction, jusqu'à l'évidence, que, s'il y a un parti à prendre capable de rendre cette colonie au commerce de France, celui-ci, où la marche et l'organisation sont tracées, paraît être le seul auquel on puisse s'arrêter, sans avoir à en craindre les suites, et sans être à charge au Gouvernement, qui n'aurait que sa protection à accorder pour l'exécuter.

C'est au commerce surtout à mieux apprécier les avantages qui lui sont offerts par cet ouvrage, qui fournit également un sujet important à la méditation des hommes d'État.

NOUVEAU SYSTÈME
DE COLONISATION
POUR SAINT-DOMINGUE.

PREMIÈRE PARTIE.

INTRODUCTION.

La France s'épuise en efforts pour faire face aux dépenses auxquelles l'obligent ses engagemens envers les puissances alliées. Elle y parviendra, sans doute; mais sa situation financière s'en ressentira.

Le zèle patriotique et l'amour du bien public présentent chaque jour de nouvelles vues, dans le but louable de créer au Gouvernement des ressources nouvelles. Les lumières et le dévouement éclatent de toutes parts. La nation n'a qu'un désir; elle ne forme qu'un vœu; c'est de donner au Roi les moyens de triompher de tous les obstacles nés des malheurs publics qui pèsent sur elle.

Animé des mêmes sentimens, nous nous sommes occupés de faire intervenir le concours puissant du commerce à l'appui des divers moyens proposés ou adoptés, et d'ouvrir des débouchés favorables à l'industrie et à l'agriculture. Cette source abondante est la source dont toutes les autres se forment : elle a cet avantage particulier, qu'on peut y puiser sans danger.

La colonie de Saint-Domingue, que la France ne doit pas abandonner plus long-temps, lui offre des ressources capables de l'aider dans cette crise difficile : notre tâche est de les indiquer.

L'opinion publique et les vues du Gouvernement furent dirigées, en 1814, vers cet objet important. Le ministre de la marine fit quelques essais pour opérer un rapprochement entre Saint-Domingue et la France. Ils furent plus nuisibles qu'utiles. Les principes qu'on paraissait vouloir suivre étaient incompatibles avec la situation, encore inconnue de cette colonie ; nous en esquisserons le tableau.

On jugera qu'en suivant les mêmes données, on trouverait constamment les mêmes résultats.

Toute démarche raisonnable aurait, dès le principe, rencontré moins d'obstacles qu'aujourd'hui. La France était dans une position heureuse. Son Gouvernement avait une influence et une force que lui ont enlevés les événemens de 1815.

Après des secousses aussi violentes portées à un État, il est impossible qu'il n'en soit pas ébranlé jusques dans ses bases, quelque fort et puissant qu'il soit.

Une marche douteuse, incertaine, relativement à Saint-Domingue, montrant peut-être trop la faiblesse du moment, dût nécessairement exagérer les prétentions de cette colonie : ses rapports prennent une direction étrangère ; ils s'étendent et se fortifient ; ils feront bientôt oublier ceux qui dépendent de son établissement primitif.

Ces essais malheureux ont ajouté aux difficultés, déjà regardées comme insurmontables, d'y rétablir les affaires sur l'ancien pied. C'est une illusion à laquelle il faut renoncer. Les liens qui attachaient cette possession à la France ont été rompus avec violence par la défection de l'expédition de l'an 10.

Pendant ce temps, la métropole a négligé

de s'y ménager des intelligences utiles, et la colonie jouit d'une espèce de neutralité, non contestée par les autres États maritimes, dont tous profitent, à l'exception du commerce de France qui en est seul exclus.

Faire intervenir le Gouvernement dans cet état de choses, est l'objet que nous nous sommes proposés. Nous tracerons, pour l'aider dans ce dessein, des routes opposées et plus sûres que celles pratiquées jusqu'à présent.

Nous avons adopté un système plus vaste, plus libéral dans ses principes, et plus conforme aux lumières du siècle : les maximes des États doivent suivre leurs progrès. C'est la véritable science des Gouvernemens.

Dans notre plan, nous nous rapprochons, en quelques points, des principes dont l'Angleterre a fait l'application, et d'autres qui ont été suivis sous Louis XIV, pour l'avantage du commerce et l'établissement des colonies, qui en sont le soutien et l'aliment.

L'emploi de la force nous a paru plus dangereux qu'utile : celui d'une politique tortueuse à l'égard d'un parti pour écraser l'autre, inadmissible, impraticable, indigne d'un Gouvernement dont la loyauté est le caractère distinctif; moyen qui, d'ailleurs, n'aurait d'autre effet que d'augmenter la puissance du parti favorisé, sans avantage pour le protecteur.

Cette opinion est fondée sur l'expérience et la connaissance des hommes et des choses du pays : elle sera développée dans cet ouvrage.

Nous avons considéré principalement les effets de la révolution, qui se sont universellement fait sentir, et qui, ayant introduit des idées nouvelles, commandent à la sagesse de s'y conformer, et en font un devoir à la politique.

Les conséquences qui dérivent de ce nouvel ordre de choses ont déterminé l'abolition générale de la traite des nègres, provoquée par la puissance la plus intéressée à sa conservation.

La situation de l'Amérique offre d'autres considérations à la méditation des Gouvernemens possédant des colonies.

Depuis trente ans, une république s'y est

établie. Elle s'est assise au rang des plus grands États.

Un Roi d'Europe a transporté sa couronne au Brésil, érigé en empire, dont la puissance ne peut être arrêtée ni troublée que par le contre-coup des événemens qui agitent ses voisins.

Le Mexique et le Pérou sont en armes, et disputent leur indépendance à l'Espagne, trop affaiblie pour lui opposer une résistance capable d'y rétablir sa domination.

A Saint-Domingue, un noir s'est élevé à la dignité royale, sous l'étendard de la liberté africaine. Dans la même colonie, un état libre y a pris naissance, s'appuie des mêmes principes, et porte la même bannière.

L'indifférence des puissances maritimes a consolidé cette révolution étonnante. Elle semblerait assigner le terme où l'Amérique entière brisera les chaînes de l'Europe, et celui où elle en deviendra peut-être elle-même tributaire. Elles se réveilleront sans doute, lorsqu'il ne sera plus temps; ou plutôt l'Angleterre, la souveraine des mers, pourrait être trompée dans l'espoir, dont elle se flatte, d'y régner exclusivement par le commerce.

Nous avons examiné les causes et les effets de ces diverses révolutions durant cette période écoulée, en partant de l'état comparé de la situation maritime et coloniale de la France, en 1789, avec celle de l'époque présente.

On pourra conclure de cet examen que, s'il importe à la France de chercher les moyens de récupérer les pertes qu'elle a éprouvées, elle ne le peut faire, avec efficacité, que par l'adoption d'un mode tout particulier de colonisation pour Saint-Domingue, approprié à l'état actuel de cette colonie, et aux principes qui y sont en vigueur; mode qu'elle peut étendre, suivant les avantages qui doivent en résulter pour elle, et par l'adoption duquel elle ne fera que devancer les autres États.

Mettant à profit les événemens qui ont changé et doivent encore changer le régime colonial des Européens dans les deux Indes, elle doit s'arrêter à un échange d'avantages respectifs et assurés, qui concilie tous les intérêts, qui n'entraîne à aucune dépense de son côté, ne porte aucun ombrage aux autres puissances, et qui, n'exposant rien au hasard, conserve, au-dedans et au-dehors, la tranquillité publique, et au Gouvernement sa dignité et sa suprématie sur la colonie.

Le régime que nous présentons participe de ces données générales; il se combine en quelque sorte avec un système fédératif, le seul qui puisse, aujourd'hui, unir au centre les possessions éloignées; il s'y rattache par une compagnie de commerce qui forme le lien de cette union.

Il n'y a aucun danger à suivre le torrent qui entraîne le siècle; on en trouve d'inévitables à prétendre le faire remonter.

L'abolition de la traite, que nous avons suivie dans ses résultats politiques, oblige forcément toutes les puissances coloniales à substituer d'autres rapports à ceux qui régissaient leurs possessions. On peut l'envisager comme le passage à l'affranchissement général des esclaves. C'est la marche naturelle des choses. Il est impossible de l'arrêter aujourd'hui. L'initiative absolue que l'Angleterre a prise en cette affaire, lui assigne toute la portion de gloire due aux Gouvernemens qui s'occupent de l'amélioration du sort de l'espèce humaine.

Une colonie européenne s'élevant au rang d'État indépendant, le front d'un noir ceint du diadème royal, sont de ces phénomènes réservés à ce siècle.

Cet événement aurait armé, il y a trente ans, tous les Gouvernemens maritimes, afin de prévenir les dangers d'un tel exemple.

Quelle lutte, en effet, l'Angleterre ne soutint-elle pas lors de la guerre occasionnée par l'indépendance de l'Amérique septentrionale? Ses intérêts généraux et particuliers semblaient être moins attaqués qu'en cette occasion. L'orgueil et les préjugés européens n'étaient pas blessés par ce changement. C'était une section du peuple anglais qui établissait un nouvel empire dans un autre hémisphère, fondé sur la liberté dont la métropole lui avait tracé l'exemple.

Aujourd'hui, sans inquiétude sur cet objet si propre à fixer ses regards et à éveiller sa sollicitude, son silence fait le soutien du trône extraordinaire d'Haïty, tant la politique a varié au gré des circonstances et des principes nouveaux qui la dirigent!

Aussi, en suivant la même impulsion, le Gouvernement de France se trouverait en quelque sorte obligé de reconnaître les changemens opérés à Saint-Domingue, pour renouer ses relations commerciales avec cette île. Il ne ferait en cela que se conformer à ce que la politique moderne a déjà tacitement reconnu et consenti, et à ce que lui prescrirait sa situation.

Dans la circonstance qui donna lieu à cet événement singulier, il paraît qu'on ne voulut d'abord qu'embarrasser Buonaparte, et ne présenter ce spectacle que comme la parodie de son avènement à l'empire. Mais quoique, depuis, la couronne en ait été restituée aux héritiers légitimes, le royaume de Haïty continue de subsister : il a même acquis une plus grande consistance.

Deux fois l'Europe, pour son salut, s'est formée en croisade pour coopérer au renversement de l'usurpation en France. L'Angleterre en a eu la suprême direction, comme la plus grande part au triomphe. Néanmoins, elle est restée immobile à l'égard de celle effectuée à Saint-Domingue, par la raison qu'elle est devenue sans danger pour elle, et même profitable. Les changemens survenus, et ceux à introduire dans le régime des colonies, dont la nécessité est sentie par tous les bons esprits, l'engagent à n'y prendre qu'un intérêt très-passif.

Au surplus, l'exemple de cette inactivité, ou, pour mieux dire, de l'abandon de Saint-Domingue, a été donné par la France, qui était le plus évidemment intéressée à s'y replacer. Jusqu'ici elle n'a rien fait, au moins ostensiblement. Des mesures secrètes dans des affaires de cette nature, qui se lient si essentiellement à la politique générale, feraient soupçonner la bonne foi au-dedans et au-dehors de la colonie : elles nuiraient au succès.

Le Gouvernement britannique n'a pris, d'un autre côté, aucun engagement pour coopérer au rétablissement du pouvoir de la France à Saint-Domingue. Il la laisse agir ; il n'a aucun motif de traverser ses opérations, pourvu néanmoins qu'elle n'y porte ni le feu, ni des troupes ; ce qui l'obligerait à surveiller les progrès de l'incendie, et à suivre les mouvemens militaires.

Cette colonie, d'ailleurs, n'a pas été en sa puissance ; elle se trouve dans le cas d'un enfant mineur qui, craignant les mauvais traitemens et les mauvaises affaires de ses tuteurs, a essayé de s'affranchir de cette tutelle, et jouit d'une émancipation provisoire.

On dût être, il est vrai, étrangement surpris de ce que le dernier Gouvernement, à l'époque du plus haut degré de sa puissance, ne fît aucune tentative pour rentrer dans cette tutelle ou pour régler les effets de l'émancipation. La raison l'emporta, en cette occasion, sur le ressentiment de Buonaparte ; il était dangereux d'exposer inutilement de nouvelles forces pour une opération de ce genre ; la population qu'il s'était aliénée, et qui avait ouvertement fait scission avec son gouvernement, pouvait espérer alors d'être protégée pour se maintenir dans cet état.

L'attaque dirigée contre cette île a entraîné les suites les plus désastreuses. La perte de la colonie n'est pas une des moins sensibles pour la France. Aucune conquête sur le continent ne pouvait l'en dédommager.

De fausses combinaisons, que la fortune couvrit souvent de son voile, y eurent une grande part. Toutes les affaires ne furent pas menées, dans le temps, avec une égale habileté. La direction de la guerre maritime et de la partie politique des colonies est une suite de complications de fautes matérielles, qui, après avoir ébranlés et fait crouler sur eux-mêmes ces pivots de la prospérité nationale, furent totalement abandonnés à la discrétion des événemens éventuels de la guerre sur le continent.

On n'a point suffisamment découvert ni sondé les plaies faites par ces fautes cachées sous l'éclat des succès militaires.

La perte de toutes les possessions d'Asie, d'Afrique et d'Amérique, la destruction complette d'une marine puissante, ses débris ensevelis honteusement dans les ports, les bâtimens du commerce y pourrissant dans une inactivité désespérante et sans terme, l'anéantissement des villes maritimes enrichies par les colonies ; enfin le pavillon français ne pouvant se montrer sur aucune mer ; telles sont ces plaies, saignant encore, et qui, sous les dehors apparens de la vigueur, gagnaient sensiblement le cœur de l'État, et le conduisaient à sa ruine.

Buonaparte ne se dissimulait pas l'étendue de tant de maux. Il n'y apercevait aucun remède. Il avait rendu impraticable le rétablissement de la paix avec l'Angleterre. Des conditions humiliantes pour lui n'eussent rien changé à sa situation. Il fit le sacrifice de la marine et des colonies. Il chercha des compensations dans un système de guerre permanent, et dans le renversement de tous les trônes, et deux fois il descendit de celui que deux fois il avait usurpé, laissant la nation aux prises avec tous les genres d'infortunes.

Nous aurons l'occasion de parler de ces fautes, dans la partie que nous traitons, afin de concourir à en atténuer les funestes et déplorables résultats.

L'une des branches de l'État qui a le plus souffert à cette époque, est sans doute celle du commerce maritime, dont la ruine fut consommée. Il peut seul aujourd'hui, en lui fournissant l'occasion de se relever, alléger le poids des circonstances et réparer les affaires.

S'il lui faut des encouragemens indispensables, on ne saurait lui en accorder de plus grands que ceux qu'il doit trouver dans la formation des compagnies de commerce que nous proposons, et qui ont créé tous les établissemens subsistans. De capitaux divisés et multipliés, elles forment une masse toujours productive, sans cesse en circulation, qui s'accroît par les bénéfices; tandis qu'isolément, les particuliers ne peuvent, dans ce temps, entreprendre aucune opération éloignée, utile pour eux-mêmes et profitable à l'État.

La compagnie dont nous avons tracé l'organisation particulière sera chargée de représenter tous les propriétaires de cette colonie, de suivre leurs intérêts, de les défendre et protéger.

Il n'y a qu'un corps puissant, ayant une existence certaine, permanent, composé d'intéressés nationaux et étrangers, familiarisés avec les affaires, et ayant des capitaux suffisans, à qui l'on puisse confier une entreprise de cette importance. La compagnie, quoique privée de l'exercice de la souveraineté, sera néanmoins indépendante de l'action du Gouvernement; elle deviendra un intermédiaire nécessaire entre la métropole et la colonie.

Cette base trouvée paraît avoir résolu le problème si difficile de rétablir le commerce avec cette île, d'éviter les oppositions de parti, dont le moindre choc causerait un nouvel embrasement, et de faire jouir les propriétaires des revenus de leurs biens.

Mais ces heureux résultats ne peuvent s'obtenir que par des compensations réciproques en faveur de la colonie.

C'est à les mettre en harmonie avec des principes généraux, la situation présente des affaires et la politique, que nous nous sommes principalement attachés.

Par cette combinaison d'avantages réciproques, nous parvenons à faire concourir Saint-Domingue, pour sa part, dans les charges onéreuses de la France. Indépendamment des produits du commerce, elle pourra y intervenir pour une somme de 40 à 45 millions par an.

Nous aurons fait preuve de zèle pour le service du Roi et les intérêts de la France, si nous avons pu réussir à former les premiers chaînons du rétablissement des rapports avec Saint-Domingue, et d'une alliance commerciale-fédérative, non moins utile à la colonie qu'à la France, et que l'une et l'autre doivent désirer avec la même impatience, en l'établissant sur des bases équitables.

SYSTÈME PARTICULIER
DE COLONISATION
POUR SAINT-DOMINGUE.

CHAPITRE PREMIER.

Situation commerciale et maritime de la France en 1789.

Le commerce maritime de France était en 1789 dans la plus brillante prospérité; elle lui était assurée par le traité de paix de 1783. C'est le premier avec l'Angleterre qui ait été avantageux et honorable pour la nation. Sa marine s'était élevée dans la guerre au niveau de celle d'Angleterre.

Cette puissance affermie lui donnait, presqu'exclusivement, pour alliés les autres États maritimes de l'Europe, qui se trouvaient favorisés par l'appui que cette nouvelle balance de force donnait au commerce en général.

L'Espagne, attachée aux destinées de la France par des liens de famille, et plus encore par des considérations d'intérêt non moins puissantes, était électrisée par l'honneur qui distinguait la marine française. Elle fit des efforts pour accroître la sienne et garantir ses colonies.

Le Portugal, sorti d'une servile dépendance, avait reconnu qu'il ne pouvait s'en affranchir entièrement qu'en liant sa cause à la cause commune. Il avait armé et uni ses forces à celles de la France.

La part active que prit la Hollande dans la guerre, et les avantages qu'elle reçut de sa participation, ne lui permettaient plus de se détacher de cette quadruple alliance, qui assurait l'indépendance du commerce de chaque nation.

La neutralité armée du nord, formée par l'immortelle Catherine, ne fut pas moins favorable aux heureux résultats de la guerre, que le concours actif des armemens des quatre puissances. Les conditions de cette neutralité étaient, en général, stipulées dans un but utile à l'alliance maritime et à l'affranchissement des mers et du commerce. Ce fut dans tous les temps le point assigné, et le point toujours manqué dans tous les temps.

L'Angleterre, pendant cette guerre entreprise contre elle dans ce dessein, resta seule et isolée. Elle en supporta tout le poids avec une nouvelle gloire pour elle. Souvent affaiblie, mais jamais vaincue, elle se relève par le génie de son Gouvernement et la force de sa constitution. Elle fit, à cette époque, des efforts proportionnés aux dangers qui la menaçaient. Ce n'était point une guerre sur le papier et se bornant, comme la dernière, à armer des compagnies de douaniers; on attaquait directement sa puissance. Le besoin de la paix l'obligea à quelques sacrifices indispensables : le plus sensible fut, sans doute, la reconnaissance de l'indépendance des États-Unis d'Amérique.

Cette concession posa les fondemens d'un État libre dans cette partie du monde; et donnant un nouvel allié à son fondateur, et un rival de plus à l'Angleterre, elle aggrandit le commerce de la France. La philosophie applaudit à cette conquête, et la politique se tut.

Par cette paix, la France restait maîtresse du commerce dans la Méditerranée et dans les Échelles du Levant.

Par ses colonies et ses établissemens dans l'Inde et en Afrique, elle rivalisait celui des Anglais. Elle les surpassait en Amérique par la richesse des colonies qu'elle y possédait, notamment par celle de Saint-Domingue, la plus importante de toutes. Elle avait enfin une marine redoutable, des officiers instruits et des matelots, un commerce étendu et des colonies florissantes.

La nation ne s'était jamais élevée à cette prospérité ; elle assignerait au règne de Louis XVI une gloire immortelle, si des pensées plus élevées pour le bonheur de ses sujets, pour leur gloire et leur liberté, si des actes non moins éclatans de grandeur, unis aux infortunes de ce Monarque, supportées avec un héroïsme religieux qui n'eut aucun exemple, ne le plaçaient au nombre des plus grands et des meilleurs Rois qui aient gouverné les hommes. Il fut le premier qui fonda une république par ses armes, et qui appela ses sujets à la liberté.

Comme le fils de Dieu, il mourut martyr de son amour pour son peuple. Son testament est rempli de l'esprit divin.

Ce grand édifice, élevé par ses mains, excitait en même temps et l'admiration du monde et une secrète jalousie. Il allait s'écrouler et disparaître, lorsque la Providence l'a retenu deux fois sur le penchant de sa ruine.

De même que dans un vaste incendie, prêt à tout dévorer, il faut faire la part au feu pour conserver le corps principal du bâtiment, de même Louis XVIII, digne successeur du grand Roi, s'est vu contraint de céder ce qu'il ne pouvait retenir, ou plutôt ce que le feu avait consumé avant qu'il fût appelé pour l'étouffer. Les brèches faites par cet incendie se feront remarquer long-temps sans doute, mais la masse reste debout; elles ne sont pas irréparables, si l'union des intéressés concourt à ce but avec la sagesse qui y préside.

CHAPITRE II.

Situation commerciale et maritime de la France en 1814.

La révolution populaire voulut conserver intact le riche et brillant héritage laissé par Louis XVI; la révolution impériale le dispersa : les héritiers en furent dépouillés.

Buonaparte, dédaignant de suivre les plans tracés par l'expérience, avait renoncé à toute idée de commerce, de marine et de colonies. Il semblait ignorer que ce sont les élémens premiers de la richesse des États, de leur tranquillité et de leur véritable grandeur. On lui rappelait inutilement que le commerce est aux nations ce que le soleil est à la terre ; qu'il enrichit l'agriculture et encourage les arts; qu'il rapproche les hommes et les éclaire, et que, distribuant les produits de tous les climats, il prévoit leurs besoins et leur porte l'abondance. On lui donnait l'Angleterre pour exemple; mais elle était libre ; le commerce aime la liberté, et c'était assez pour le porter à laisser celui de France dans un abandon absolu.

Long-temps avant la chute de ce Gouvernement, on ne s'occupait plus ni de marine, ni de colonies. Afin de détourner l'attention d'une perte aussi sensible, et d'obtenir quelques dédommagemens, on la portait toute entière vers des conquêtes sur le continent.

Dans la nécessité supposée d'être obligé de renoncer à posséder des colonies, on avait cherché, et la chimie avait, en effet, trouvé les moyens de remplacer leurs produits par les plantes indigènes. Comme ils étaient loin de suffire à la consommation, on y suppléa par des spéculations particulières, uniquement profitables au Gouvernement. On importait directement des ports anglais en France d'immenses quantités de denrées coloniales. Le cours du prix restait toujours le même, et, à raison de l'impôt excessif et des livraisons partielles faites aux détaillans, il n'y avait aucune concurrence pour le faire baisser.

Aussi, les denrées coloniales, cette branche si considérable du commerce, se trouvait desséchée et rendue nulle pour les particuliers. Elle formait, au contraire, un accroissement d'impôt en faveur du Gouvernement : il s'en était exclusivement approprié l'exploitation et les bénéfices par le moyen des licences qui annihilaient les effets du blocus maritime et continental sur le papier.

Néanmoins, il faut le dire : tous les encouragemens furent prodigués aux manufactures de l'intérieur ; elles prirent un accroissement prodigieux sous le rapport des couleurs, du dessin et du fini. Beaucoup d'articles étaient et sont encore fabriqués dans une qualité égale et quelquefois supérieure à ceux d'Angleterre.

Mais le prix d'achat de la matière première et les droits excessifs des douanes élevaient tellement celui de la fabrique, qu'aucun des objets qui en sortait, ne pouvait supporter la concurrence avec les fabriques étrangères. Les mêmes circonstances les avaient fait établir partout à l'imitation de la France; car la nécessité est mère de l'industrie et des arts.

Les produits des manufactures françaises étaient donc bornés à la seule consommation de l'intérieur, tandis qu'elles retiraient du dehors les matières qu'on y employait et qu'on payait à grands frais.

C'est là, sans doute, l'enfance du commerce, ou plutôt le dernier degré de dépérissement où il puisse descendre chez une nation aussi avantageusement placée, qui possède des moyens d'échange et d'exportation aussi considérables.

La prolongation de cet état ne pouvait nécessairement que l'appauvrir. On se doutait peu du mal et des progrès que causait un déplacement aussi extraordinaire dans les rapports essentiels de la nation. L'étendue du territoire et les tributs des peuples réunis obligeaient d'employer, et permettaient de payer une immense armée et une multitude d'hommes arrachés aux arts, à l'agriculture et au commerce, qui se consolaient ainsi du changement de leur sort. Les mouvemens de la guerre et ses succès dédommageaient l'autre partie de la population. Mais cette puissance n'ayant aucun appui solide, devait, ainsi que nous l'avons vu, tomber au moindre revers, et changer la fortune de l'État.

CHAPITRE III.

Effets du système suivi par le dernier Gouvernement.

Il y avait peu d'hommes d'État, à cette époque, qui eussent été en position d'observer ce qu'avait été la France, en possession sous Louis XVI de ses colonies et d'un commerce maritime aussi étendu ; de manière qu'il était impossible d'espérer qu'elle fût ramenée à cette prospérité.

Cependant, au milieu d'aussi éclatans triomphes, obtenus sur le continent par le sacrifice d'armées les plus nombreuses, formées d'hommes les plus valeureux et les plus beaux, comme si la nature s'était plue à privilégier la génération qui les composait, à quelles humiliations la France ne fut-elle pas réduite du côté de la marine, et dans ses possessions d'outre-mer ?

Aussi rien ne fut calculé ni prévu. Saint-Domingue avait lié son sort à celui de la métropole. Cette colonie avait résisté, par ses propres forces, à toutes les attaques des ennemis du dehors ; elle offrait au Gouvernement quarante mille hommes armés dont il pouvait disposer. On profita d'un moment de paix pour les réduire et les asservir. Une armée de cent mille hommes fut engloutie dans cette fatale entreprise. Saint-Domingue fit scission avec la France, pour se détacher de son Gouvernement aussi injuste que mal conseillé.

Toutes les colonies placées dans les trois parties du monde tombèrent successivement, les unes après les autres, entre les mains de l'ennemi.

La paix avec l'Espagne avait restitué (1) la Louisiane à la France; cette restitution lui donnait, dans cette partie de l'Amérique, une position importante; elle comblait les vœux des habitans, qui sont anciens Français; elle fut vendue aux États-Unis. Il n'y eut aucune réclamation. On ne se rappela plus que la cession de cette colonie, dans le temps, avait fait murmurer toute la France, et causé la disgrace du ministre qui l'avait consentie.

La marine nationale fut anéantie dans quelques combats, notamment dans celui de Trafalgar; ce dernier entraîna la perte de la marine de l'Espagne, dans lequel elle fut engagée. Ce qui échappa se réfugia dans les ports, et ne reparut plus.

La marine marchande avait cessé d'exister. La mer était interdite au cabotage, et si cette inter-

(1) Sous le comité de salut public.

diction ne s'étendit pas toujours à la pêche, c'était par une faveur que lui accordait l'ennemi. Enfin le pavillon français, qui, autrefois, flottait sur toutes les mers, qui y parut même avec distinction à l'époque des troubles les plus désastreux de la patrie, ne se montrait nulle part.

Il est beau, sans doute, à une nation de porter ses armes au-delà du Volga, et de soumettre plusieurs peuples, quand elle y est entraînée par la nécessité ou qu'elle s'en promet de grands avantages, et des avantages durables; mais dans la guerre de Russie, le succès eût-il été aussi complet que les désastres ont été terribles, et qu'ils étaient inévitables, rien ne pouvait balancer les frais d'un armement aussi immense. Buonaparte s'aliénait d'ailleurs l'esprit du souverain le plus magnanime. Cet effet produit était déjà une trop grande perte pour lui et pour la nation, quand elle avait déjà sur les bras la guerre dévorante de l'Espagne. (1)

Mais est-il moins glorieux pour un peuple de faire flotter ses étendards sur tout le globe, couvrant de leurs ombres protectrices ses enfans établis dans des possessions soumises à sa domination

(1) Les Romains eurent toujours l'art d'éviter d'être engagés dans deux guerres à la fois. Aussi le cabinet russe, plus sage et plus éclairé que celui de Buonaparte, eut-il la politique de faire des sacrifices pour conclure à cette époque la paix avec la Porte ottomane.

et travaillant à lui procurer des échanges et des débouchés favorables à son commerce ?

Aussi on a peine à concevoir comment un général, à la tête d'un Gouvernement si puissant, devant lequel s'inclinaient toutes les grandeurs, se taisaient toutes les volontés, toutes les opinions, s'applanissaient tous les obstacles, n'ait tenté aucun autre moyen de porter plus loin la terreur de son nom et de ses armes.

Il lui était sans doute plus facile, plus favorable, et moins dangereux surtout, d'aller sur les bords de la Plata ou sur ceux de l'Indus, qu'à Madrid et à Moskou. Né au sein des révolutions, et habile à en profiter, il en aurait produit une qui eût embrassé l'Univers, et particulièrement atteint l'Angleterre, dont il s'était déclaré l'ennemi irréconciliable.

Mais la fortune et son génie lui devinrent également contraires. Il fit tout ce qu'il devait soigneusement éviter de faire ; il ne s'abandonna à aucune de ces grandes entreprises qui pouvaient, puisqu'il est déclaré que le trident de Neptune est le sceptre du Monde, le favoriser assez pour le disputer à l'Angleterre, ou rétablir au moins la balance si habilement fixée par Louis XVI. Laissant alors tranquillement respirer les puissances continentales, au lieu de tout risquer et de s'acharner sur elles comme sur une proie, elles l'eussent librement favorisé ou par leurs vœux ou par leurs armes; car toutes ont le même intérêt, et aucune ne veut être dépendante.

Soit que Napoléon se crût obligé de renoncer à des opérations de cette nature, d'après les revers qu'éprouvèrent celles d'Égypte, de Saint-Domingue, les armemens de péniches et les promenades sans but qu'il fit faire aux flottes françaises, dans lesquelles elles trouvèrent leur ruine; soit qu'il conçût l'espoir d'amener l'Angleterre à des conditions honteuses pour elle, par la fermeture des ports du continent; soit qu'il nourrît celui non moins chimérique de lui céder l'empire des mers dont elle était en possession, à condition de se réserver celui de la terre, qu'il occupait en partie, il ne pensa même pas, au milieu de sa prospérité, à s'emparer des îles de Gersey et Guernesey d'où les Anglais observaient et suivaient tous ses mouvemens en France. Il ne lui restait pour toute marine que quelques corsaires, dont la prise allait chaque jour augmenter le nombre des prisonniers en Angleterre.

Le port d'Anvers, élevé à grands frais, aurait eu le même sort que celui de Boulogne; la nature s'opposait à ce qu'il pût jamais devenir un arsenal redoutable; il ne pouvait tout au plus servir qu'à déployer l'appareil d'une puissance maritime et à occuper l'ennemi sans le craindre.

L'union Anséatique, les républiques de Venise et de Gênes, les villes libres de commerce placées en Allemagne et en Italie comme des monumens de reconnaissance en temps de paix, et de points de secours et d'asile en temps de guerre, pour les puissances belligérantes, perdirent leur liberté, leurs droits et leur indépendance par la réunion à d'autres États, et par conséquent tous les avantages du commerce.

On ne peut expliquer d'où provient la continuation des mêmes vues politiques de l'Angleterre à ce sujet, quoique ces villes libres ne fussent, à proprement parler, que des dépôts essentiels à son commerce.

Le pavillon neutre ne se montrait nulle part, ou plutôt il n'existait plus de neutralité. Les décrets de Milan et de Berlin avaient introduit une nouvelle législation maritime, obscure, embrouillée, confuse, dont la cour d'amirauté d'Angleterre se prévalait avec trop d'avantages pour augmenter, de son côté, les obstacles mis à la navigation.

Les événemens de la guerre placèrent les États-Unis dans la même position qu'occupaient les Hollandais dans d'autres guerres. Ils conservaient encore quelques rapports entre l'Europe et les deux Indes, et entre les divers ports des diverses puissances; mais, fatigués des entraves mises à leur commerce, et des restrictions dont il était l'objet, ils prirent parti dans la guerre.

Les colonies d'Angleterre étaient presque sans défense. Ses bâtimens marchands couvrant les mers, leur offraient de riches captures : ils se prononcèrent contre cette puissance, dont ils avaient particulièrement à se plaindre. La France ayant tout perdu, ne leur laissait l'espoir d'aucune compensation. Le désir aussi de briller à leur tour, par la guerre, sur la scène du monde, sans en prévoir les dangereuses conséquences pour leur liberté, fut peut-être un motif d'accélérer le redressement des griefs imputés au Gouvernement anglais; on en trouve une énumération, savamment écrite, dans un ouvrage publié aux État-Unis à un million d'exemplaires (1).

(1) Manifeste ou Causes et Caractère de la dernière guerre d'Amérique, par James Madisson, président des États-Unis.

CHAPITRE IV.

Le dernier Gouvernement, fidèle à son plan, ne tire aucun parti de la guerre entre les États-Unis et l'Angleterre.

S'IL était vrai, comme on l'a supposé, que le Gouvernement fédéral fut entraîné à la guerre par Buonaparte, il faut convenir qu'il ne tira aucun avantage d'une diversion qui devait lui en promettre de si grands.

En tentant l'entreprise de faire passer quelques troupes en Amérique, avec un maréchal de France et des généraux, Buonaparte obligeait les Anglais à abandonner l'Espagne, sur laquelle, pour l'accabler, ils réunissaient toutes leurs forces. Ce devait être pour lui la circonstance la plus heureuse. Il pouvait, en marchant sur les traces de l'immortel protecteur de cette république, changer la face des affaires.

Les Américains, soutenus par ce secours, que, dans aucun cas, ils n'auraient refusé, ne se fussent pas alors bornés à une guerre défensive; ils l'auraient rendue offensive. Dirigée de cette manière, et conduite avec la bravoure et l'énergie que le peuple a déployées dans le système de défense, le seul qu'il lui fût convenable d'adopter, les Anglais avaient tout à craindre pour leurs possessions et les suites des succès.

Cette faute majeure, précédée de tant d'autres dans la partie que nous traitons, donne la conviction que Buonaparte n'influa en rien sur la détermination du Gouvernement américain. L'ouvrage que nous avons cité fournit des éclaircissemens positifs qui confirment cette assertion.

Il paraît bien plus probable, au contraire, qu'il fut constamment fidèle au plan qu'il avait conçu d'abandonner le commerce, la marine et les colonies, de dominer le continent, de s'en tenir à un état de guerre, toujours en armes, toujours prêt à fondre sur les peuples qui auraient essayé de rompre le joug ; ce qui faisait rétrograder l'Europe au cinquième siècle, quoiqu'il parût prendre Charlemagne pour modèle en voulant relever l'Empire d'Occident.

CHAPITRE V.

Les Nations ne peuvent, sans danger, changer leurs rapports extérieurs.

On a vu, par l'esquisse que nous avons tracée, l'abîme dans lequel une nation peut être entraînée, quand son Gouvernement veut substituer de nouvelles maximes d'État à celles qui, suivies depuis plusieurs siècles, lui ont acquis la plus haute prospérité en les créant sur sa situation particulière.

Le renversement des rapports qui lui sont propres ont des conséquences plus graves que le changement des lois intérieures qui la régissent, par la raison qu'ils obligent les autres États à changer les leurs ou à s'y opposer.

Une nation agricole a plus de moyens sans doute qu'une autre de développer son génie pour la guerre. La France en a donné l'exemple : mais on ne pouvait faire dépendre ses destinées d'un Gouvernement purement militaire, et la faire entièrement sortir de la sphère où elle se trouve placée par la nature de son sol, sa position géographique, le caractère et les mœurs qu'elle en tire.

La France est essentiellement agricole, manufacturière et commerçante ; elle est la seule qui ait autant de produits territoriaux utiles et recherchés à mettre en circulation ; par conséquent elle doit être rendue à cette destination naturelle. C'est le but où elle doit tendre. Si on l'en détourne, il faut qu'elle prenne les armes ; sa population est trop nombreuse, trop active, pour qu'elle puisse s'assujétir au repos.

Tout ce que Louis XVIII a pu obtenir des anciennes possessions coloniales, diminue d'autant les pertes faites sous le dernier Gouvernement, et favorise le retour à un bien-être général.

Aussi, plus la nation donnera à son commerce l'extension qui lui est nécessaire, plus elle encouragera son industrie et son agriculture ; par ce moyen elle reprendra plus facilement une assiette tranquille et heureuse ; car les agitations qui se font remarquer proviennent surtout de l'inquiétude sur l'avenir, qui la tourmente. Ce sont les mouvemens d'un malade qui cherche un adoucissement à ses maux.

CHAPITRE VI.

Situation générale de la France, provenant des mêmes fautes du dernier Gouvernement.

Les événemens de 1815 ont placé la France dans la situation la plus déplorable où puisse être réduite une nation. Des troupes de toutes les puissances de l'Europe occupent ses frontières et ses places fortes. Elle est, en quelque sorte, captive dans son propre territoire. Elle paie des contributions de guerre qui absorbent ses revenus. Pour augmenter ses malheurs, des divisions funestes d'opinions ont déchiré son sein.

Il n'a jamais existé non plus de position semblable à celle du Roi. Elle est d'autant plus pénible, qu'il ne peut la faire changer, ni lui opposer d'autre résistance qu'une sagesse et une prudence à toute épreuve, dans lesquelles il renferme toute sa politique, la seule capable de sortir la France de si grands embarras, et de la sauver de ses propres divisions.

Le Roi est étranger aux causes qui ont produit ces infortunes; néanmoins on exige beaucoup plus de son Gouvernement que du dernier, qui, fort de l'impulsion donnée par un État populaire, et héritant de la puissance qu'il avait acquise, n'éprouva ni obstacles, ni contradiction, ni opposition d'aucun parti. Tous les bras se pressaient, au contraire, autour de lui pour le servir. La richesse de la France était intacte, sa dette nulle; sa force était immense, ses frontières étendues et assurées. Cependant il a échoué, comme tous les Gouvernemens qui l'avaient précédé. Il a laissé la France dans le chaos le plus épouvantable, et au Roi la gloire de l'en retirer.

Dans des temps ordinaires et calmes, les souverains, débarrassés des inquiétudes du trône, n'apparaissent aux peuples que sous l'éclat du diadême : leurs noms restent oubliés. Dans les temps où nous vivons, dont l'histoire n'en retrace point de plus malheureux, on doit regarder comme le plus bel ouvrage du génie, de soutenir un État chancelant contre tant d'intérêts divers et d'efforts ennemis, et de conduire le vaisseau au port. Il y arrive néanmoins, à travers les écueils qui l'environnent, par la sagesse du monarque, si habilement secondé par le ministère. Mais c'est à triompher d'aussi grands obstacles que s'acquiert la véritable gloire. L'alliance entre le Roi et le peuple gagné par sa modération, lui en applanit le chemin. Ses jours seront comptés au nombre des jours heureux de la patrie, comme le sont ceux du grand Henri, son aïeul, dont la plus éminente des vertus fut de ne voir dans les erreurs de ses sujets que les erreurs de ses contemporains, nés dans un siècle trop fertile en malheurs.

Les mêmes événemens ont étendu au loin leurs désastreux ravages ; ils ont totalement changé l'état des affaires. On fut forcé d'abandonner la question relative à Saint-Domingue, qui, par l'importance de cette colonie, se rattache aux intérêts généraux de la France et de l'Europe.

CHAPITRE VII.

Considérations générales sur Saint-Domingue.

On ne peut reprendre aujourd'hui la question concernant Saint-Domingue, qu'en adoptant un système opposé à celui qui a été précédemment suivi.

C'est un édifice qui a été renversé, de fond en comble, par la plus violente tempête ; il faut le reconstruire sur un plan nouveau et des bases plus larges que celles sur lesquelles l'ancien reposait, et dont le sommet, moins élevé, moins dominant, éloigne les orages au lieu de les attirer par sa hauteur.

Le temps n'est pas éloigné où les États qui possèdent des colonies seront obligés de créer un autre mode de colonisation, combiné avec le mouvement imprimé en Amérique. Celui que nous essayons de tracer pourra peut-être servir de modèle.

Il ne s'agit pas seulement d'examiner la situation de Saint-Domingue, dans quelles mains le pouvoir y est tombé, et les difficultés à surmonter pour rétablir les affaires sur l'ancien pied.

Cette situation s'est liée, par les événemens, à la situation générale de l'Europe, à celle de l'Amérique, et aux révolutions qui se sont opérées depuis trente ans dans ces deux parties du Monde.

Il faut considérer quels ont été et quels doivent être les effets de l'indépendance des États-Unis, de la transplantation de la couronne de Portugal au Brésil, des troubles et des combats auxquels le Mexique et le Pérou sont en proie, pour se soustraire à la domination de l'Espagne, et quelle force enfin doit prêter à une révolution plus étendue, l'abolition générale de la traite des nègres.

Nous traiterons séparément chacune de ces circonstances, et les conséquences que présentera ce tableau, nous aideront à trouver le problème que nous cherchons.

CHAPITRE VIII.

De l'Indépendance des États-Unis.

L'INDÉPENDANCE des États-Unis a préparé le renversement de l'ancien échafaudage colonial. Elle a élevé une colonie sujette en un État libre, qui est entré en partage du commerce général. Il s'est assis au rang des grandes puissances; il a su y arriver par sa sagesse, et s'y maintenir avec gloire.

Favorisé par sa situation, et lié aux autres peuples de l'Amérique par le même intérêt, ce Gouvernement augmente sa population des émigrations que les événemens chassent de tous les pays troublés. Il vient de montrer tout récemment que, sans secours étrangers, il peut résister aux forces de son ancienne métropole. Cette puissance, naguère sujette de l'Angleterre, comme colonie, est maintenant sa seule rivale.

La forme de son Gouvernement, la liberté et la tranquillité dont on y jouit, la douceur de ses lois, la variation de son climat, celle de ses productions, la facilité d'y vivre à peu de frais, les ressources offertes à l'industrie; tous ces avantages réunis doivent présager les plus grandes destinées à cette république.

Elle était restée tributaire de l'industrie et des arts de l'Europe, qui fournissait généralement à tous ses besoins, tant en objets manufacturés qu'en objets d'art et de luxe. Mais pendant la durée de l'acte d'*intercourse*, les Américains, abandonnant, momentanément, le commerce, ont employé leurs capitaux à donner plus d'extension à la culture, et à établir, dans toutes leurs villes, des manufactures en tous genres. Ils ont été secondés au-delà de leurs espérances par des essaims d'ouvriers en tous genres, sortis de l'Europe, où il ne leur restait que la plus profonde misère en partage.

Les colonies qui, avant cette longue guerre d'où nous sortons, étaient fermées au commerce américain, à l'exception de quelques articles de peu de valeur, lui furent ouvertes presque exclusivement dans toutes, et particulièrement à Saint-Domingue. Il y remplaça celui des Bordelais, des Nantais, des Normands et des Provençaux. Il les exploita entièrement à son profit; il y conserva encore les mêmes avantages, partagés, il est vrai, aujourd'hui par le commerce anglais. Cet événement était inévitable. Aucun bâtiment français ne parut dans ces parages pendant l'existence du dernier Gouvernement.

Les Américains ont formé, d'ailleurs, dans cette colonie, des liaisons très-étroites, resserrées encore par le besoin. Il en est qui y cultivent des habitations, à titre de ferme.

Si l'on ajoute à cet état de choses la possession de la Louisiane, cédée aux États-Unis par Buonaparte, qui leur ouvre l'entrée du Mexique et le commerce du Mississipi, ou jugera qu'un État qui, quoique monté si haut en si peu de temps, n'est pas encore au degré auquel le portent tant de circonstances favorables, doit y arriver même malgré lui. Il peut se passer de l'Europe; il n'a plus qu'à la tenir dans l'éloignement.

L'Amérique offre d'ailleurs de quoi satisfaire l'ambition de tous les Gouvernemens qui y sont établis, et qui voudront faire restituer à l'Europe ce que l'Europe en a reçu.

CHAPITRE IX.

De la transplantation de la couronne de Portugal au Brésil.

NAPOLÉON, cherchant à éloigner de toutes les parties du continent les marchandises et l'influence du Gouvernement anglais, ou se servant de ce prétexte pour continuer la guerre, tourna ses regards vers le Portugal. Ce royaume, en effet, depuis la mort du marquis de Pombal, était plutôt une colonie anglaise qu'un royaume indépendant.

Tout cédait alors à l'empire de la force, au génie de la victoire. Charles IV fut obligé de livrer, à travers l'Espagne, un passage aux troupes françaises pour favoriser l'expédition contre le Portugal. Sans prévoir les suites funestes de ce consentement, ou plutôt voulant en éviter de plus grands par un refus, le Roi accorda ce passage.

Les Français eurent bientôt franchi la distance qui les séparait de la frontière à la ville de Lisbonne. Peu d'heures avant d'y pénétrer, le prince royal avec la mère régente, la cour et les principaux officiers de la couronne s'embarquèrent et firent voile pour le Brésil.

Il paraît que le prince royal avait pris seul cette résolution ; il l'avait méditée dans un couvent où il s'était retiré peu de mois avant l'envahissement de ses États. On le prenait pour un prince livré à la dévotion, tandis qu'il s'occupait de l'exécution d'un si noble projet.

Quoi qu'il en soit, ce n'est pas l'un des moins grands événemens de ce siècle ; il fait la gloire de ce prince.

Sans secours de l'Angleterre à cette époque, abandonné de l'Espagne, il ne pouvait combattre avec aucun espoir de succès. Après beaucoup de maux inutiles, il ne lui eût peut-être pas été toujours possible de suivre ce premier et généreux dessein.

Dans une telle extrémité, l'objet important, pour un souverain, est d'échapper à l'ennemi qui le poursuit.

Ainsi, par là, une colonie européenne placée en Amérique est encore érigée en royaume dont l'étendue est immense. Il est placé sous le plus beau ciel et le plus heureux climat, qui produit, à côté de l'or, les fruits des deux hémisphères. Il est libre, indépendant de toute influence étrangère, exempt de l'obligation de prendre part à ces guerres sanglantes et périodiques qui dévastent l'Europe. Certes, ce prince est trop sage, trop éclairé pour échanger la jouissance de tels biens contre une suggestion certaine par son retour en Portugal qui, en définitif, n'est autre chose aujourd'hui qu'une colonie du royaume du Brésil.

Ainsi le premier peuple navigateur qui franchit le Cap de Bonne-Espérance pour se frayer une route dans l'Inde, qui y brilla en conquérant, abandonne l'ancien Monde pour se fixer dans le nouveau, y régner et y donner des lois nouvelles. D'autres peuples suivront cet exemple.

Ce puissant État est un empire qui n'a rien à redouter du vieux continent. Son armée de terre est plus que suffisante pour sa défense. Il aurait bientôt une marine en état de balancer celle de l'Angleterre. Il possède des bois supérieurs, en qualité, aux bois que l'Europe emploie dans ses constructions. Il peut offrir des terres à cultiver à tous les habitans qui voudront s'y établir. Ces terres, pour produire, ne demandent du cultivateur, ni les mêmes soins, ni les mêmes sueurs, ni les mêmes avances en argent que dans les contrées de l'Europe ; il suffit d'en remuer la superficie pour en obtenir deux récoltes par an.

Il n'y existe point encore de villes semblables en étendue à Lisbonne ; mais Rio-Janeiro, heureusement située, n'attendait que la présence du souverain pour s'élever au-dessus de la première et même des plus grandes cités de l'ancien Monde.

Déjà de nombreuses familles de France et du continent y portent leur industrie et leurs capitaux. Qu'à l'accueil et à la protection qu'elles recevront, le Roi règle sagement les droits civils de ses sujets et ceux d'une sage tolérance, le Brésil deviendra l'empire le plus florissant et le plus puissant.

Le Roi, pénétré de la gloire immortelle qui lui est acquise en fixant le destin de ce royaume, appelle, par des encouragemens honorables, les arts et les sciences qui doivent en faire l'ornement, et le rendre digne de devenir la patrie adoptive des descendans d'Albuquerque et de Camoëns.

La cour du Brésil, à peine établie, attaqua la colonie française de la Guyane, et s'en empara. Elle devait être remise, aux termes du traité de paix de 1814 : elle ne l'est pas encore.

Sans rien préjuger sur les causes de ce retard, on serait autorisé à l'attribuer au désir qu'aurait cette puissance de n'avoir point de contact territorial avec aucune des puissances européennes; ce voisinage, tant qu'il serait gardé par les Français, pourrait néanmoins lui être avantageux sous plusieurs rapports; mais aussi il peut ne l'être pas toujours, et ce changement donner lieu à des inquiétudes pour l'avenir. La cour de Brésil fait également, peut-être, valoir certains droits éteints sur cette colonie (1). Les possessions hollandaises de Démérary, Essequebo et Berbiche subiraient le même sort, sauf les indemnités équivalentes en faveur de l'un et de l'autre État, dont le Brésil tiendrait compte.

Au surplus, quels que soient les motifs de l'inexécution du traité à ce sujet, que Cayenne soit rendue ou non, le procès de séparation de l'Amérique continentale avec l'Europe est en quelque sorte jugé et prononcé. Le nouveau Monde s'élèvera sur les débris de l'ancien; c'est une suite naturelle de causes morales et de causes physiques qui se prêtent mutuellement une force d'action et de mouvement irrésistibles.

Les malheurs causés par l'envahissement de la monarchie espagnole ont encore assuré et précipité la marche de cette révolution.

(1) On ne fait ici que des suppositions; car il n'a rien transpiré du résultat de la mission diplomatique remplie par M. le duc de Luxembourg.

CHAPITRE X.

Des causes de la révolution du Mexique et du Pérou, et de ses effets.

L'Espagne semblait ne pouvoir soustraire plus long-temps à l'émancipation ses immenses possessions dans le continent américain, même avec l'alliance de la France, à une époque plus calme et plus heureuse. Elle était, depuis longues années, menacée de cette perte. En 1780, il s'y serait opéré le même soulèvement qu'aujourd'hui, sans l'apparition d'une flotte française dans le golfe Atlantique et sur les côtes de la Vénézuela. Cette force ne détruisit pas le plan de ce vaste dessein : elle ne fit qu'en ajourner l'exécution.

Depuis, la cour d'Espagne, sans rien changer à son système de prohibition de tout commerce étranger avec ces pays, accrut le mécontentement général, et fortifia la résolution de secouer un joug, devenu chaque jour plus insupportable aux habitans.

Comme il est ordinaire que les mesures de rigueur excitent aux résistances et les multiplient, les naturels de ces contrées, dans lesquels on comprend ceux issus du sang espagnol (le nombre en est considérable), suscitèrent chaque jour de nouveaux troubles ; ils devinrent plus entreprenans par la timidité que montraient les agens de l'Espagne, en voyant approcher l'orage qui se formait, et qui devait éclater.

C'est dans cette situation des esprits que se trouvaient le Mexique et le Pérou, lorsqu'on y apprit la nouvelle de l'occupation de Madrid, et de l'enlèvement du Roi et de sa famille.

Toutes les infortunes pesèrent à la fois sur cette auguste maison et sur la nation espagnole, la plus noble et la plus courageuse. Elle était digne sans doute, par l'énergie qu'elle a déployée et par les sacrifices qu'elle s'est imposés pour défendre la cause de ses souverains, de jouir des avantages réclamés à tant de droits, et refusés avec si peu de justice.

Les habitans des Nouvelles-Espagnes, tout en partageant la douleur de ceux de la métropole, devenue orpheline par l'éloignement de la famille régnante, et même en lui envoyant des secours en argent pour la secourir dans sa courageuse résistance, saisirent néanmoins cette occasion de briser les liens déjà trop usés et affaiblis qui les retenaient encore asservis à la domination espagnole.

CHAPITRE XI.

Les guerres dans lesquelles l'Espagne se trouve engagée, favorisent l'insurrection du Mexique et du Pérou.

LA guerre entre l'Espagne et l'Angleterre avait préparé et développé l'insurrection du Mexique et du Pérou. L'agression de Buonaparte contre l'Espagne lui donne une nouvelle force, et légitime l'indépendance. Tout fut entrepris : tout alors devint possible pour atteindre ce but.

La métropole avait trop d'embarras dans son sein pour s'opposer à cet élan insurrectionnel, et Buonaparte n'aspirait pas sans doute à étendre ses conquêtes jusques dans ces climats, puisqu'il ne pouvait même pas retenir les possessions françaises, qui échappaient de ses mains dans toutes les parties du Monde. Dans cette crainte, toutefois, le cabinet anglais l'avait devancé.

On peut douter si le dernier Gouvernement mît quelque importance à conserver l'Amérique unie à l'Espagne, ou seulement à la laisser dans l'agitation jusqu'à nouvel ordre.

Il serait à croire, cependant, que, dès le principe, il entretint quelque intelligence avec le vice-roi du Mexique, sur la mort duquel on n'a que des relations imparfaites; elles ne permettent pas, par conséquent, d'en tirer des inductions qui pourraient ternir la réputation de cet officier vieilli dans les camps.

Au surplus, si Napoléon eut quelques projets de ce côté, il sembla les abandonner bientôt, et les borner à la seule occupation de l'Espagne européenne; car il ne fit rien qui annonça l'intention de les porter en Amérique. Il savait, d'ailleurs, que la cour britannique pouvait lui disputer cette *toison d'or* avec bien plus d'avantage, par sa marine, que la péninsule par ses forces de terre. Il n'ignorait pas non plus combien il importait à cette même puissance d'être favorable à ces colonies, quel que fût le sort éventuel de la monarchie espagnole, dont les combats devaient fixer les destins.

CHAPITRE XII.

L'invasion de l'Espagne prépare de nouveaux succès aux Mexicains et aux Péruviens ; elle devient funeste à son auteur.

S'IL est des guerres justes, et qu'une honorable ambition peut faire excuser, quand l'issue promet des résultats utiles à la nation qui s'y trouve engagée, on doit mettre de ce nombre celle de la succession qui plaça le petit-fils de Louis XIV sur le trône d'Espagne.

Toute l'Europe fut en armes, excitée d'une part par la Grande-Bretagne, qui craignait l'agrandissement de la puissance maritime de la France, et de l'autre, par l'Autriche, qui faisait valoir des prétentions à cette couronne.

Il s'ensuivit sans doute de grands désastres et de grands malheurs. Une habile politique sut, ou les adoucir ou les réparer.

Louis XIV était héritier de cette couronne par testament. Ce monarque dut faire valoir ses droits et les soutenir. Le succès avait des suites décisives pour la France. Il n'était pas question, alors, de la séparation des deux couronnes. La justice, dans cette lutte, était l'appui de la politique.

Mais la guerre dernière fut aussi impolitique qu'odieuse dans ses motifs et dans les moyens employés pour l'éviter ou pour la préparer. La nation française la condamnait. Son honneur et sa loyauté en furent vivement blessés : elle n'y prit qu'une part forcée ; elle fut indifférente et à ses succès et à ses désastres.

Une grande fortune peut se renverser sous le poids des revers et le nombre des ennemis : le héros qui l'a acquise laisse toujours un grand nom : mais, heureux ou malheureux, la postérité le flétrit, s'il commet une action indigne du rang auquel il est parvenu.

Dans la conspiration ourdie par Buonaparte contre l'Espagne, après la glorieuse paix de Tilsitt, on voit que, sans s'inquiéter de l'Espagne, de l'Amérique et des suites de cette injuste aggression, il ne s'agissait que d'éloigner du trône la dernière branche de la maison des Bourbons qui régnait encore en Europe. Loin d'avoir donné lieu à une telle violation des principes reconnus par tous les souverains, la cour d'Espagne, toujours fidèle à ses engagemens, avait fait tout ce qui dépendait d'elle pour le maintien de l'alliance formée entre les deux États.

Buonaparte n'avait aucun droit sur ce pays ; il n'avait aucun motif de l'attaquer ; il n'en avait pas d'autre que celui de trouver un royaume à sa convenance, et de chercher à s'en emparer par la ruse ou par la force, comme le ferait un particulier qui voudrait s'aggrandir des terres de son voisin et s'arrondir de cette manière. Il paraîtrait, néanmoins, qu'il eut l'intention de faire la part à l'Angleterre, en lui abandonnant les branches productives qui s'étendaient au loin, et qu'il ne voulait se réserver que la tige.

Mais la politique, ici, devait lui défendre, surtout, de commettre cette iniquité. L'Espagne lui devenait à charge sans ses colonies : ne pouvant posséder celles-ci, il devait respecter l'autre, qui lui offrait des ressources précieuses ; il devait s'y unir, au contraire, plus étroitement encore, afin de concourir par la suite aux avantages de ses possessions.

Les droits de l'Autriche étaient éteints : elle n'avait plus rien à revendiquer. Elle ne se laissa pas moins entraîner à la défense de cette cause par la justice, comme par l'Angleterre, dont les intérêts n'étaient pas changés ; ceux-ci, à son égard, étaient toujours les mêmes qu'à l'époque de la guerre de la succession, ou plutôt ils acquéraient, des événemens, une plus grande force qui pouvait être utile à ses vues. Elle n'eut pu mieux les servir si elle avait elle-même conseillé Buonaparte de faire cette invasion.

Depuis plusieurs années le Gouvernement anglais avait renoncé à exposer ses troupes dans des expéditions continentales, jusqu'alors toujours malheureuses. Il n'avait plus aucun point où il put en débarquer avec quelqu'espoir de troubler les prospérités de son ennemi. Mais Buonaparte, par une fatalité qui l'a poursuivi depuis lors, semble n'avoir voulu s'emparer de l'Espagne qu'avec le dessein d'y appeler l'Angleterre, de lui préparer un vaste champ de combats, des ressources immenses, des auxiliaires puissans, les moyens d'aguérir ses troupes, le triomphe, enfin, de lui arracher, avec la couronne, l'empire du continent et de lui livrer sa personne.

Il n'y a pas à se tromper : le sceptre de l'usurpation est venu se briser contre cette entreprise, conseillée par l'orgueil. Tel est le malheur d'une première faute, pour les Gouvernemens, qu'elle en attire une foule d'autres, toujours plus nuisibles. Ils ne sont pas toujours les maîtres de revenir sur leurs pas. L'amour propre se confondant avec l'intérêt de l'État, ou prenant l'un pour l'autre, ils sont obligés de persister dans les plus funestes desseins, ne pouvant on ne devant pas paraître faciles à changer et à se tromper. Telle fut l'opinion de Buonaparte : il résista à tous les conseils (1). Il ne pouvait en recevoir de publics;

(1) Le prince Talleyrand combattit avec la force de son génie cette funeste résolution, et la cause de la maison d'Espagne ; sa prévoyance n'obtint d'autre succès qu'une honorable et heureuse disgrace.

il avait ravi à la France toutes ses libertés, notamment celle de publier sa pensée. Il consuma en Espagne ses trésors et ses meilleures troupes : la forturre l'abandonna.

Afin de chercher quelqu'adoucissement aux inquiétudes qui l'accablaient sur cette guerre, dont il ne prévoyait pas le terme, et de donner au Monde l'appareil de toute sa puissance, il fit encore, non moins impolitiquement qu'injustement, la guerre à la Russie. Il courut à sa ruine.

CHAPITRE XIII.

Suite du précédent.

PENDANT le temps de l'asservissement de l'Espagne, les insurgens du Mexique et du Pérou faisaient des progrès toujours croissans. L'insurrection se communiqua depuis l'Orénoque jusqu'aux confins du Chily. Les troupes et les agens civils restés fidèles au Roi ou à la métropole combattirent avec courage; ils opposèrent une résistance digne des plus grands éloges.

Si le courage, qui est une des vertus des Espagnols, s'est conservé sans altération dans le pays de leurs glorieux exploits, comme dans leur patrie, ce peuple a dû s'apercevoir qu'elle est facile à inoculer par la communication, surtout à des hommes ardens sortis de son sang; il a pu juger combien les temps sont changés, et combien cette époque diffère de celle où quinze cents Espagnols, sous la conduite de Fernand Cortès et de Pizarre, asservirent les peuples de ces deux empires. Aujourd'hui les armes des deux partis sont égales; ils servent et adorent le même Dieu; ils ont la même religion; ils conçoivent qu'ils ont les mêmes droits; ils se sentent assez forts pour les soutenir.

Dans un pays d'une étendue aussi immense, si les vœux des peuples étaient unanimes pour arriver au même but, il fallait du temps et du repos pour s'entendre et être d'accord sur les limites de chaque État, et le mode de Gouvernement qu'ils voulaient se donner. La majorité des royaumes adopta la constitution des États-Unis. Quelques-uns penchèrent pour la royauté et pour y appeler les enfans d'Espagne qui en étaient plus rapprochés. Ce parti, néanmoins, eût réuni toutes les opinions à celle dominante de l'indépendance, si l'un des deux princes qui avaient le malheur d'être captifs en France, avait pu se montrer.

Les chefs des troupes royales, telles faibles qu'elles fussent, soutenaient encore le parti de la métropole dans la crise où se trouvaient les affaires. Ils profitèrent des dissentions survenues, pour temporiser et gagner du temps. C'était tirer avantage des circonstances; mais la force des choses l'emporta en faveur des insurgés : ils eurent partout le dessus.

Les Espagnols réunirent leurs forces sur la rivière de la Plata. Ils cherchèrent, par des diversions utiles, à rentrer en possession des places de Monte-Video et de Buenos-Ayres. Ces rives furent le théâtre des combats les plus sanglans. Elles tenaient encore en suspens le dénouement de cette grande lutte, lorsque, par une de ces révolutions étonnantes, inespérées, l'auteur de tant de mouvemens dans les deux Mondes, maîtrisant naguères à son gré les événemens, faisant et déposant les Rois, possesseur du plus puissant empire, rendit, peu de jours avant d'être déposé lui-même, Ferdinand VII aux vœux de l'Espagne.

Rome dut également à ce retour forcé, à une politique plus éclairée et plus sage, de voir briser les fers de son Pontife vénéré. Tous les temples de la chrétienté retentirent de chants en actions de grâces de cette délivrance.

L'adversité et de longues souffrances n'ont point affaibli l'âme sublime de ce grand prince; il en relève l'éclat par la plus touchante indulgence. Pie VII ne borne pas ses soins à exhorter à la modération, à la tolérance, à la justice; Sa Sainteté fait l'application de ces vertus apostoliques à tous ses sujets, et à tous les enfans du même Dieu : vertus qui, pratiquées après lui, parviendraient infailliblement à réunir tous les hommes à l'Eglise qu'il gouverne.

C'était beaucoup pour un conquérant d'un caractère de fer, jusqu'alors indomptable, de se montrer plus généreux dans l'adversité que dans la prospérité; mais aussi c'était trop tard. Ne pouvant plus ni rien réparer, ni rien retenir, ce dernier mouvement d'une puissance expirante fut pris pour de la pusillanimité.

CHAPITRE XIV.

Quel doit être le résultat de la lutte entre l'Espagne et ses colonies.

FAUT-IL attendre du rétablissement de Ferdinand sur le trône d'Espagne, que le Mexique et le Pérou, sortis avec tant de violence de cette domination, y rentrent spontanément, ou contraints par la violence? Nous le désirons, mais nous ne l'espérons pas, quoique rien ne soit plus capable d'opérer cet heureux effet.

Le Gouvernement espagnol s'est empressé de former, des débris de ses forces de terre et de mer, une première expédition. Les efforts qu'il a faits en cette occasion, et ceux qu'il se propose de faire, démontrent l'importance qu'il attache au sort de ces possessions; ils font supposer qu'il est fondé à en attendre des résultats satisfaisans. Il n'est pas impossible de les obtenir; il paraît seulement d'une difficulté extrême de soumettre d'aussi vastes contrées avec une armée aussi peu nombreuse que celle destinée à cette opération, à moins que l'Espagne ne fasse à l'Amérique des concessions telles qu'elles remplissent le but des peuples et celui des puissances directement ou indirectement intéressées à en partager l'exploitation. Jusques-là, on doit craindre que cette monarchie ne s'épuise en vains efforts, et ne s'aliène de plus en plus l'esprit des habitans, qu'elle doit se rendre favorables par la conciliation, et non essayer de soumettre par la force. Elle commandera là où elle sera la plus forte, et la révolte suivra partout et successivement les mouvemens de sa faiblesse.

Elle n'a pas seulement à combattre les insurgens, pour conserver ce continent, mais à contenir les vues de quelques Gouvernemens, ou à les faire changer. Aucun ne veut le posséder exclusivement ; mais tous pourraient désirer qu'un si beau pays, encore inconnu à l'Europe, et en partie à l'Espagne, devînt un patrimoine commun, ou au moins qu'il fût ouvert à l'industrie, aux arts et aux sciences, où ils n'ont pénétré jusqu'ici qu'à travers un jour très-obscur. C'est la seule terre frappée d'une telle interdiction, et cette terre est en quelque sorte la TERRE PROMISE, non parce qu'elle renferme dans son sein les mines d'or, d'argent et de platine, mais par la beauté de son ciel, par sa fécondité et par les découvertes utiles à l'humanité, que l'on peut y faire.

Ces craintes, que nous exposons avec quelque

fondement, ont été, long-temps, avant ces troubles, l'objet des méditations de quelques cabinets et d'hommes d'État.

Pressentant les événemens actuels, il avait été question, pour les prévenir, de resserrer d'avantage les liens subsistans entre les maisons d'Espagne et de France, et d'y faire plus directement intervenir cette dernière. Il paraît que l'Espagne repoussa ces ouvertures. Lorsqu'il devint possible de les faire accueillir plus favorablement, on en fit la proposition à Buonaparte ; mais il avait des vues ultérieures : elle ne fut point accueillie. Il crut que seul il pouvait tout posséder, et seul tout conserver (1).

Il n'est plus temps, aujourd'hui, de penser à ce concours si utile alors. La France est travaillée par les mêmes inquiétudes concernant Saint-Domingue, que l'Espagne pour ses possessions.

Si le projet qu'avait formé Charles IV, de suivre l'exemple du prince royal de Portugal, en portant sa couronne au Mexique, avait été exécuté, ce pays était sauvé. Il prenait le même es-

(1) M. le comte Dejean, alors ministre de l'administration de la guerre, non moins homme d'État qu'habile administrateur, fit, de son côté, des démarches infructueuses pour faire sentir l'inconvenance de l'attaque contre la maison d'Espagne. Il remit des plans et des mémoires qui offraient des avantages plus désirables et plus honorables, en maintenant l'union entre les deux puissances.

sort que le Brésil. Et quoique séparé de l'Espagne, celle-ci en eût retiré des avantages plus précieux que ceux qu'elle peut recueillir de sa dépendance.

Mais l'infortuné Roi fut encore trahi dans la dernière espérance qui lui restait de trouver un refuge assuré dans ses nouveaux États, qui pouvaient amplement le dédommager de celui qu'on lui arrachait.

Ce que Buonaparte appréhendait le plus, était le départ du Roi pour le Mexique. Sans cette crainte, il faut croire qu'il se fût déterminé à faire une guerre ouverte à l'Espagne. Cette loyauté au moins pouvait en couvrir l'iniquité. L'honneur n'était point, toutefois, blessé.

De tant de circonstances nuisibles à l'Espagne, on doit tirer cette utile observation, que si l'union fait le bonheur et le soutien des familles particulières, les divisions parmi les membres de celles appelées à régner, est un des plus grands malheurs qui puisse les affliger et peser, en même temps, sur leurs États.

L'histoire est pleine du récit des infortunes des princes, occasionnées par leur trop aveugle confiance en *des favoris :* sujets trop rapprochés du trône, et en connaissant toutes les avenues, ils l'entourent ordinairement de factions au-dedans, et de troubles au-dehors, afin de se rendre utiles et redoutables; et après avoir long-temps gouverné leur maître, laissent presque toujours soupçonner, justement ou injustement, l'intention de vouloir retenir l'empire au préjudice des héritiers légitimes.

Les scènes qui précédèrent et suivirent, à la cour de Madrid et à Bayonne, les événemens dont elle fut accablée, n'ont pas d'autres causes que les machinations du prince de la Paix pour semer la discorde entre le Roi et son fils.

La conduite odieuse du favori excita l'indignation genérale des Espagnols. Ils embrassèrent le parti du prince des Asturies; ils lui montrèrent le dévouement que leur inspiraient sa loyauté et les dangers dont il était menacé.

C'est à la faveur de ces désordres, et sous le prétexte de les appaiser, par la réconciliation, que l'ennemi pénétra en Espagne, et qu'au lieu d'avoir la gloire de rétablir la paix dans cette auguste famille, il compromit ses destinées et celles de la nation qui lui étaient confiées.

Heureux les États, où l'autorité royale, ayant un contrepoids, les préserve du règne des favoris, et où il peut s'élever de grands hommes sans avoir à redouter leur ambition!

Plus heureux encore les souverains qui, sachant mesurer le degré de lumières, où leurs peuples sont parvenus, et mettre des bornes à leur puissance, n'en conservent que la portion suffisante de faire le bien ! Leurs contemporains tressent la couronne d'immortalité que leur décerne la postérité.

Au milieu des troubles dont l'Espagne était agitée, ses colonies ne pouvaient, dans l'incertitude de leur sort à venir, rester inactives, encore moins aller au-devant des fers du vainqueur de la métropole. Elles devaient, par la force des choses, s'unir en quelque sorte d'intérêts avec la Grande-Bretagne qui combattait dans la péninsule pour la cause de la famille royale, et profitant de circonstances aussi favorables, arriver à la liberté par l'indépendance. S'arrêteront-elles là d'elles-mêmes? et dans ce cas l'Angleterre, d'un côté, pour accroître sa puissace et sa fortune ; de l'autre les États-Unis, intéressés dans ce partage, conserveront-ils une part dans le commerce de ces immenses et riches possessions ? Voilà où se réduit la question. Quelle que soit, d'ailleurs, l'issue des événemens ultérieurs, celui-ci ne pouvait manquer d'arriver. L'abolition générale de la traite des nègres en assignait le terme.

CHAPITRE XV.

De l'abolition générale de la traite des Nègres.

Les personnes ayant des intérêts aux colonies, et beaucoup de celles qui s'occupent de politique, ne voient, dans l'abolition de la traite, provoquée par l'Angleterre, qu'une ruse diplomatique de son cabinet pour ruiner les colonies des autres puissances, en lui supposant d'avoir abondamment approvisionné les siennes d'esclaves, avant de prendre une mesure aussi extrême.

Ce raisonnement est purement hypothétique : il n'a aucun fondement. Il est plus naturel d'en attribuer la cause première à des vues d'humanité, qui peuvent se concilier parfaitement avec les intérêts bien entendus d'un État.

Cette grande question avait été agitée, depuis longues années, dans le parlement, par des orateurs non moins éloquens qu'hommes d'État. Elle avait été profondément mûrie et discutée dans plusieurs ouvrages, publiés sur cette matière délicate, tant en Angleterre qu'en France.

Ceux qui ont suivi ces discussions, et qui connaissent bien l'état actuel de la traite, restent convaincus que le cabinet britannique, l'un des plus éclairés de l'Europe, a montré, dans cette occasion, autant de justice que de politique en prononçant son abolition absolue.

Mais si, d'un côté, il renonçait pour lui-même à faire le sacrifice d'une branche de commerce aussi lucrative; de l'autre, il ne pouvait en abandonner les bénéfices à aucune autre puissance. Par cette raison, il a dû aussi vivement insister qu'il l'a fait pour les déterminer toutes à renoncer à ce honteux trafic, qui, en effet, n'est plus aujourd'hui compatible avec les idées reçues.

En matière de commerce, l'Angleterre ne compte pour elle de véritables pertes que celles profitables à ses rivaux.

Des motifs d'un autre genre, qu'il est plus facile de saisir que des raisons d'État, ont mis un énorme poids dans la balance pour la faire pencher du côté de la justice.

Les côtes d'Afrique, depuis la rivière du Sénégal jusqu'au royaume d'Angola, ont fourni tous les esclaves qui ont défriché, cultivé, et qui cultivent encore les diverses colonies à sucre des Européens. Depuis plus de trois siècles que dure l'exploitation de cette mine d'hommes, elle a dû nécessairement s'épuiser, si l'on considère surtout que plus elle donnait, plus on en abusait; parce que c'était le commerce le plus lucratif, qui avait des débouchés certains, et qui demandait des avances de capitaux moins considérables.

Par une supputation qui ne paraîtra point exagérée, on évaluera à deux cent mille (1) le nombre des esclaves extrait chaque année de l'Afrique pour toutes les colonies, dans les Indes orientales et occidentales, ce qui donne, pour les trois siècles, la somme totale de soixante millions.

Or, quand on a enlevé, successivement, d'un pays une aussi grande quantité d'hommes, il ne paraîtra pas étonnant, telle population qu'on lui suppose, qu'il puisse être encore en état d'en fournir. Aussi la traite ne rend-elle presque plus rien.

C'est un commerce qui est tombé de lui-même, non pas faute de consommateurs, mais parce que la matière servant à la reproduction n'existe plus, ou n'existe qu'en très-petite quantité. Les plages d'où on la tirait sont, en quelque sorte, désertes. Il faudrait, aujourd'hui, pour se procurer les deux tiers moins d'esclaves que dans les temps

(1) Un ouvrage publié en Angleterre, en 1809, par M. Clarkson, porte le nombre traité par les Anglais seulement à cent cinquante mille par an. Cet ouvrage d'un philosophe éclairé, est celui qui est entré le plus profondément dans tous les détails de ce commerce. Il a été présenté aux Souverains réunis au congrès, comme le plus lumineux sur cette matière, pour les déterminer à l'abolir.

passés, pénétrer très-avant dans l'intérieur de l'Afrique, remonter, en affrontant des dangers de toute espèce, les rivières et fleuves qui la traversent, et dont la navigation est encore inconnue. Ce qui augmenterait singulièrement le prix ordinaire de leur valeur, et en rendrait, par conséquent, la vente aux colonies beaucoup plus difficile ou moins recherchée.

On voit par des enquêtes juridiques qui ont été faites en Angleterre, les stratagèmes, les piéges, les ruses et les violences qu'on était contraint d'employer déjà, en 1786, pour former une cargaison de noirs. Ce n'était plus un commerce, mais une invasion à main armée, dans laquelle on prenait par la force tout ce qui se présentait sous la main (1).

Depuis cette époque, les Africains se sont retirés dans les terres; ils se tiennent plus sur leurs gardes. La colonie libre de Sierra-Léone y a introduit des idées non-seulement de civilisation, qui fait des progrès, mais encore des moyens de résistance qu'il n'est pas toujours facile de vaincre.

La traite, d'ailleurs, était presque entièrement dans les mains de l'Angleterre : elle seule a pu exclusivement la continuer pendant les dernières

(1) Ouvrage de Clarkson.

vingt-cinq années qui viennent de s'écouler. La France ne pensait plus à la faire; il ne lui restait aucun comptoir en Afrique. Les autres États se trouvaient dans la même impossibilité.

Antérieurement à cette époque, la France accordait inutilement des primes d'encouragement, pour faciliter l'introduction des esclaves dans ses colonies, provenant de traite française. Malgré cet encouragement, onéreux à son trésor, elle était obligée d'y laisser entrer des cargaisons anglaises, sans compter le nombre de nègres que l'on y introduisait en fraude des ports anglais, parce que les planteurs les achetaient à bien meilleur marché que ceux fournis par la traite française.

Les Portugais, les Espagnols, les Hollandais, les Suédois et Danois, quoique traitant eux-mêmes, usaient des mêmes moyens pour l'approvisionnement de leurs colonies.

L'Angleterre, en renonçant à ce commerce, s'impose donc les plus grands sacrifices, ou plutôt elle les supporte tous. Elle fait un tort considérable aux villes de manufactures qui travaillaient pour la traite, telles que Manchester, Liverpool, Birmingham et autres. Elle y employait annuellement deux cents bâtimens et un million sterling à l'achat de marchandises tirées de ces mêmes villes.

La perte que cause, aux autres États, l'abolition de la traite n'est pas même sensible : elle ne doit pas être comptée.

Le Gouvernement anglais n'a pu, cependant, se priver d'aussi grands avantages sans s'être assuré de moyens certains de compensation plus ou moins efficaces, mais toujours plus honorables que les bénéfices qu'il retirait de la traite des nègres.

Ce Gouvernement a vu la possibilité de former des établissemens en Afrique, et d'y faire un commerce d'échange de marchandises avec les productions du pays, beaucoup plus favorable que celui d'esclaves.

Il a vu que la colonie de Sierra-Léone, où les terres sont travaillées par des mains libres, prospère à un tel degré que ce mode peut être étendu et promettre de nouveaux succès, en lui donnant des encouragemens.

Il a vu que les colonies privées en général, pendant vingt années de guerre, des recrutemens renouvelés d'esclaves, comme autrefois, se sont maintenues, ou à peu près, au même niveau de leur population.

Il a vu que celle de Saint-Domingue, qui devrait être singulièrement diminuée par le ravage des guerres civiles et étrangères, a éprouvé un décroissement peu sensible, en raison de ce que les naissances s'y sont multipliées, par les facilités données à la réunion des deux sexes.

Il a vu que cette grande quantité de noirs réunis sur une plantation est plutôt un objet qui affiche la richesse, que d'utilité réelle; qu'on peut suppléer au nombre, soit en adoucissant le sort des noirs pour les rendre plus forts, plus robustes, soit en se servant de la charrue pour la culture dans les lieux où ce procédé peut être applicable.

Il a pensé, peut-être encore, que si la traite était interdite, et si, dans tous les cas, il était nécessaire de recourir, par la suite, à des recrutemens pour y suppléer, il pourrait être accordé la faculté de la remplacer par des engagemens à terme, et en traitant en Afrique avec les noirs, comme avec des ouvriers. En effet, les comptoirs qu'y conservent les diverses puissances, deviendraient, dans ce cas, des dépôts où ces ouvriers viendraient d'eux-mêmes s'instruire, et où se stipuleraient librement, et de gré à gré, les engagemens.

Ce mode offrirait, sous tous les rapports, des ressources précieuses aux planteurs et aux divers chefs de métiers. Les maîtres de ces engagés n'auraient plus à payer de prix d'achat; ils seraient exempts de l'inquiétude de les voir périr par la mortalité qui frappe ordinairement les esclaves nouvellement arrivés, ou qui se détruisent eux-mêmes. Ils recevraient des hommes faits, façonnés aux divers travaux de la terre et autres ouvrages de métiers auxquels ils se seraient destinés.

Mieux soignés dans la traversée d'Afrique aux colonies, moins encombrés dans les navires qui les transporteraient; ils débarqueraient sains et saufs, sans alarmes sur leur sort à venir, sans crainte des tourmens auxquels les esclaves se croyaient condamnés en quittant leurs foyers. Leurs engagemens expirés, ils auraient la faculté d'y retourner.

Cette nouvelle méthode serait l'objet de réglemens particuliers et d'un accord qui pourrait avoir lieu entre les Gouvernemens, s'il était nécessaire.

C'est de cette manière que se peuplèrent les colonies, par des engagés pris en Europe, avant de tirer des esclaves d'Afrique.

Le Gouvernement anglais, sage et prévoyant, a considéré surtout que la renonciation à la traite doit produire une amélioration nécessaire et certaine dans le sort des esclaves; elle engage les propriétaires, par l'impossibilité d'en acheter, à prendre soin de la conservation de ceux qui leur restent; ils sont forcés de favoriser la propagation de l'espèce qui, étant le but de la nature, peut être facilement atteint par une bonne nourriture, de bons traitemens, et en proportionnant le travail aux forces des individus. L'intérêt particulier garantit qu'aucun des moyens utiles, pour parvenir à ce résultat, ne sera négligé; car, par cette abolition, les plantations, où se trouvent des ateliers nombreux d'esclaves, doivent doubler de valeur, et quant au fonds et quant aux revenus. S'il y avait quelque chose à craindre dans l'application de ces soins, ce serait que les esclaves ne devinssent plutôt des enfans aussi gâtés, qu'ils étaient auparavant rigoureusement traités.

Le Gouvernement anglais, indépendamment de ses vues ultérieures, ne parviendrait-il qu'à cet ordre admirable des choses, il aurait encore des droits à la reconnaissance de tous les siècles!

CHAPITRE XVI.

Suite du chapitre précédent.

La France, d'une manière trop brusque et trop violente, sans doute, avait pris l'initiative sur le généreux dessein de l'Angleterre; elle avait même étendu plus loin ses principes de libéralité, en les bornant à ses possessions. Cette politique pouvait lui réussir, si elle avait pu ou voulu l'appuyer par la force.

Mais cette précipitation fut l'effet des circonstances et de l'impulsion imprimée aux Gouvernemens du temps, qui se succédaient et qui ne souffraient aucun espace entre la volonté qui prononce et le pouvoir qui exécute.

il fut impossible de mesurer la règle au devoir, et de fixer les bases d'une organisation prévoyante. Tout fut sacrifié à la résistance que produirait cette innovation contre l'ennemi, seul moyen qu'on avait à lui opposer. Le but était rempli; mais ce système avait son côté faible, il se prêtait à toutes les attaques des partisans de l'ancien ordre colonial. Il devait s'écrouler avec le changement de Gouvernement et de vues. C'est ce qui est arrivé, lorsque Buonaparte s'est emparé des rènes de l'État, au 18 brumaire.

Le cabinet anglais jugeant le désavantage que lui donnaient, dans les affaires coloniales, les principes nouveaux, adoptés par la France, dans ses possessions, s'attacha aux moyens de force et de politique, qui pouvaient traverser et faire échouer cette audacieuse tentative, menaçant les siennes d'un bouleversement général. Ce qu'elle ne put obtenir par la guerre, elle l'obtint par la paix.

De son côté, le premier consul avait besoin de joindre à la réputation militaire dont il jouissait déjà, celle de pacificateur du Monde. Ce titre glorieux, synonyme de bienfaiteur des peuples, devait augmenter sa popularité: il pouvait alors tout oser. Il réunit tous ses efforts; il se soumit à tous les sacrifices qu'on lui imposa pour traiter de la paix avec le Gouvernement de la Grande-Bretagne.

Le traité d'Amiens fut conclu: il consolida son pouvoir. Reconnu par l'unanimité des puissances, il fut présenté comme l'hommage le plus éclatant rendu par l'Angleterre à celui qu'elle semblait préférer avoir pour ami que pour ennemi. Dès cette époque tous les partis s'en rapprochèrent.

Mais cette paix, qui ne pouvait être tout au plus qu'une trève trompeuse des deux côtés, surprit et éblouit tellement, qu'on put à peine s'apercevoir combien elle était ruineuse pour la France et ses alliés par les articles patens, et combien elle devait l'être encore davantage par les articles secrets.

On eut lieu de soupçonner que, par ces derniers, le consul s'était engagé à rétablir l'esclavage dans les colonies, et à subjuguer les noirs à Saint-Domingue.

Ce soupçon s'accréditait des mesures qui furent prises dans cette occasion; car, comment présumer que l'Angleterre eût été assez confiante pour lui laisser porter en Amérique une armée de terre et de mer aussi considérable, qui l'obligeait à des dépenses énormes d'armement pour en surveiller les mouvemens, si elle ne devait opérer dans un sens convenu, comme y trouver son tombeau.

Il fallait la paix au consul pour favoriser son élévation; il crut ne pas l'acheter trop chèrement à ces trop dures conditions. L'île de Saint-Domingue contribua autant que l'île de Malte au renouvellement de la guerre qui embrasa encore une fois le Monde. C'est au milieu de ce deuil général que le consul monte au trône; il ne se doutait pas que la même main qui l'y élevait l'en renverserait.

Mais l'Angleterre, en même temps, se saisissait d'un autre sceptre qu'il n'était pas si facile de lui enlever. Par cette paix elle restait en possession

6

de Malte qui, avec Gibraltar, fait, en quelque sorte tomber le port de Toulon, l'un des plus importans de la France, et la rend souveraine dans la Méditerranée.

Elle restait en possession de l'île de la Trinité dans l'Atlantique, et aux Indes, du Cap de Bonne-Espérance et de Ceylan, qui lui assurent la même suprématie dans ces mers.

Enfin, durant cette paix de courte durée, elle obtint le décret qui rétablit l'esclavage dans les colonies. Ce dernier coup de politique enlève au consul ce levier puissant qui, dans ses mains, peut devenir si dangereux, et l'Angleterre, voulant se l'approprier pour le diriger à son gré, prélude au détrônement de l'empereur en Amérique. Par là, elle lui fit une mortelle blessure: il y perd toute influence et tout crédit.

Les noirs de Saint-Domingue, irrités de l'attaque soudaine, sans motif, qui doit ou les écraser ou les enchaîner, détruisent l'armement le plus formidable en troupes de débarquement, dirigé contre eux, qui fût encore sorti des ports d'Europe. Ils sont les premiers à méconnaître cette autorité sous laquelle plient toutes les têtes en Europe; ils se trouvent sous la main protectrice de l'Angleterre par le fait seul de ces circonstances et de ces succès.

Le cabinet britannique, débarrassé des inquiétudes que lui causait son ennemi, qu'il prive de tout point de contact avec cette partie du Monde, et ayant les coudées franches pour agir et l'attaquer, put, alors, envisager sans crainte et même désirer une rupture; car la paix ne pouvait jamais subsister avec l'existence du Gouvernement de Buonaparte en France.

Telle fut l'issue de ce traité : il consolida l'agrandissement des possessions de la Grande-Bretagne et la ruine de celles de la France en Amérique et dans l'Inde ; il jeta les bases de cette prépondérance qui constitue l'Angleterre la seule et unique puissance maritime en Europe. Elle tient les clefs du commerce en général et peut tarifer les productions de l'un et l'autre hémisphère.

La guerre et l'imprévoyance aveugle du Gouvernement impérial ont réduit la marine des autres États à un tel degré de faiblesse et de nullité, qu'elle ne peut se relever que par quelque accident imprévu. Il lui manque cette substance vitale que donne un commerce libre et étendu.

La France, par exemple, qui était, avant ses malheurs, assez forte pour tenir l'équilibre entre toutes les nations, pour protéger et défendre leurs intérêts commerciaux, est totalement déchue de cette puissance. Ce n'est pas avec la Martinique et la Guadeloupe, aux Antilles, et l'île de Bourbon, en Afrique, seules colonies qu'on lui ait laissées, ni avec les débris de quelques comptoirs dans l'Inde, où elle ne peut avoir de garnison, qu'elle est en état de reprendre le rang qu'elle occupait.

La marine de l'Espagne, qui agissait de concert et comme auxiliaire, est dans un abaissement encore plus grand. Ses chantiers et ses arsenaux sont épuisés; elle est menacée de perdre ceux d'Amérique, où elle construisait ses plus beaux et ses meilleurs vaisseaux.

La marine du royaume des Pays-Bas conserve quelques ressources; mais elle a été tellement affaiblie par les mêmes causes, que, malgré la sagesse éclairée de son souverain, elle est loin de parvenir à se rendre aussi redoutable que du temps de Ruiter et de Tromp.

Le Danemarck a perdu la sienne à la prise de Copenhague, et celle de la Suède ne compte que des frégates et peu de vaisseaux.

La Russie, quoique ayant des ports sur plusieurs mers, n'a encore que les commencemens d'une marine, qui s'instruit dans l'art nautique par des voyages utiles autour du Monde.

Il ne faut pas compter non plus au nombre des puissances maritimes, celles placées dans la Méditerranée. Malte et les îles Ioniennes leur ôtent la faculté de s'agrandir, et leur commandent de rester dans l'abaissement.

Il ne peut d'ailleurs exister de puissance maritime sans commerce, sans colonies et sans indépendance. Ce sont les premiers élémens qui les créent.

Cette suprématie acquise par l'Angleterre, et à laquelle elle aspirait, a été plus généralement et plus authentiquement reconnue par les traités de 1814 et de 1815, faits entre tous les Souverains. Ces traités y ont ajouté un grand poids, sans doute, mais elle avait été déjà cédée, en partie, par Buonaparte dans le temps de ses prospérités. Il n'était plus temps de la lui contester, d'après la puissante participation qu'elle a prise au triomphe de tous.

Parvenu à ce degré d'élévation, par la guerre comme par la paix, l'Angleterre se devait toute entière aux soins politiques qu'exige la conservation de sa grandeur. L'abolition de la traite paraît être l'un des chaînons qui se lient à ce système conservateur, dont les conséquences tendent irrésistiblement à un autre mode de colonisation et de gouvernement dans ses possessions coloniales, basé, peut-être, sur un plan plus ou moins resserré ou étendu. Les États-Unis Ioniens, placés sous sa protection, pourraient servir d'échelle pour mesurer cet essai en ce genre. L'objet important est de se mettre en rapport de commerce, de politique, d'intérêt et d'union avec les États fondés ou à créer au continent américain, et d'en écarter ses rivaux.

C'est de ces divers points de vue qu'il faut observer l'abolition de la traite, dont le plus éminent et le plus apparent découvre un hommage éclatant rendu à l'humanité.

L'état actuel de Saint-Domingue n'a pas été un sujet de moindre considération que ceux que nous avons présentés, pour prononcer un jugement aussi solennel sur cette grande question.

Ces différentes données doivent servir de phare pour éclairer la question que nous discutons, à travers les écueils qui se présentent, et qu'il faut éviter avec le plus grand soin.

CHAPITRE XVII.

État actuel de Saint-Domingue ; des causes principales.

QUEL que soit l'agent moteur des révolutions, soit qu'elles aient pour causes ou des opinions politiques, ou des opinions religieuses, ou l'ambition, à laquelle elles servent de levier, soit qu'elles attaquent une monarchie ou une république, elles ont toutes le même mouvement, et décrivent le même cercle.

Le peuple excite des séditions et des révoltes, que termine la force ou l'indulgence ; mais jamais il ne provoque de révolutions. Il y aide seulement par sa masse, quand il y est appelé, et quand elles sont publiques et non sourdement tramées et exécutées. Elles produisent une maladie contagieuse qui gagne ceux même dont elle froisse les intérêts et blesse les préjugés, comme ceux qui prennent les plus grandes précautions de s'en garantir.

Il n'y aurait jamais de révolution, s'il n'y avait ni corps, ni personnages trop puissans dans les monarchies, ni d'autres qui ambitionnent à le devenir dans les républiques, pour les maîtriser.

On a eu lieu de remarquer, en effet, qu'une révolution s'élance toujours du point le plus élevé. Elle s'arrête un moment au centre, et, comme par attraction, à ce foyer de lumières, et descend rapidement à l'extrémité, embrasant de ses feux tout ce qui lui résiste.

Ceux qui ont dirigé ce conducteur électrique restent effrayés du danger personnel qui les menace. Ils n'aperçoivent d'autre moyen de salut pour eux et pour l'État, que d'élever un rempart pour se mettre à l'abri du feu qu'ils ont allumé et attisé.

Il n'y aurait qu'un parti à prendre : ce serait de relever l'antique édifice formé en quelque sorte par la nature, et renversé par un trop coupable aveuglement. Sans doute on y pense : on le voudrait. Mais l'amour propre n'agissant pas moins fortement en cette occasion que le sentiment de la crainte, combat les premiers élans de cette généreuse résolution. Les plus opposés céderaient, si d'autres, dont on soupçonne les intentions, n'avaient pris l'initiative.

Dans cet état de choses, l'audace vient faire cesser les indécisions. Dans tous les temps, c'est un guerrier qui a coupé le nœud de cette difficulté. Il se saisit du pouvoir, et réunit les oppositions.

Il a tout fait pour y arriver, mais il a beaucoup plus à faire pour s'y maintenir. La force et l'autorité absolue lui tiennent lieu de droits, mais jamais ne peuvent les suppléer à de certaines époques, et moins encore au dix-huitième siècle.

Craignant et les hommes imprudens qui l'ont aidé, et les nouvelles créatures dont il s'entoure, il les domine également tous par la même tyrannie. Le plus petit comme le plus grand événement lui devient funeste. Il tombe.

Du poids de sa chute, la révolution remonte à son périgée : elle s'y fixe par l'amalgame des corps qui s'y sont attachés dans le trajet parcouru, et en suivant les traces de lumière qu'elle a répandues. Il n'y a que peu ou point de variation observée dans ce mouvement : seulement il est plus ou moins lent, ou plus précipité, suivant le caractère des peuples.

Qu'on lise toutes les histoires des révolutions des empires, on aura les mêmes données !

Dans tous les temps, elles ont été terribles aux États qui les ressentent, fatales aux ambitieux, et les honnêtes gens toujours ou dupes ou victimes.

Mais, quand ces comètes, après avoir embrasé les nations, disparaissent devant le soleil qui les absorbe, il est inutile de chercher à remonter aux causes qui les ont attirées. C'est un secret de la Providence, qu'elle couvre d'un voile impénétrable : elles ont une source commune aux autres fléaux qui affligent les humains, comme dans le déchaînement de leurs passions. Il suffit de dérouler le tableau de ses ravages pour en épouvanter les générations futures.

Saint-Domingue, soumis à l'impulsion de la France, comme une chaloupe l'est au mouvement d'un vaisseau auquel elle est attachée, a subi toutes les variations diverses de la révolution. La sienne est parvenue au dernier degré auquel elle devait descendre. Une infinité de circonstances, se liant les unes aux autres, concourent à l'y maintenir encore. Nous en avons fait apercevoir une partie dans le chapitre précédent.

Cette colonie, à l'époque de l'envahissement du pouvoir en France par Buonaparte, était, sous la main de son Gouvernement, autant que peut l'être une possession éloignée, travaillée ainsi que la métropole, par des convulsions révolutionnaires et la guerre étrangère auxquelles elles étaient livrées l'une et l'autre.

Un noir, nommé Toussaint Louverture, avait, dans l'origine des premières insurrections, uni les troupes qu'il commandait à celles de l'Espagne en faveur de la cause royale. Ces troupes se composaient des débris de cette masse d'esclaves qui fut insurgée en 1791, dans le nord de ce pays, et qui en ravagea les plaines fertiles. Il s'acquit, par sa conduite, une telle confiance des Espagnols, qu'il parvint à rendre ses conseils nécessaires dans toutes les affaires.

Apprenant que la paix allait se conclure entre la France et l'Espagne, il jugea que le meilleur parti qu'il avait à prendre dans cette conjoncture, était de passer avec son monde au service de la première.

Le Gouverneur français (1) hésita un moment; mais enfin il le reçut et lui assigna le commandement des Gonaïves.

Sa fidélité mise à l'épreuve, à l'égard des ennemis, l'influence qu'il exerça bientôt généralement sur les siens, les principes religieux qu'il professait, furent les causes principales de son elévation, bien plus que ses talens militaires. C'était un temporiseur et un négociateur; mais dans l'occasion il était ardent, impétueux et payait de sa personne.

Son discernement, éclairé par la reconnaissance, lui faisait regarder comme absurde et insensé le projet, dont quelques factieux nourrissaient son ambition, de se détacher d'une nation si forte, si puissante, qui triomphait de tous ses ennemis. Sans avoir cette intention, il laissait, néanmoins apercevoir, par des rapprochemens

(1) Le général Lavaux, l'un des hommes les plus désintéressés, et ne voyant exclusivement dans ses principes, ainsi que dans ses actions, que les intérêts de la France.

intimes avec des conseils ennemis, qu'il pouvait risquer cette entreprise; mais le but secret de cette politique était de montrer le danger qu'il y aurait à lui ôter le Gouvernement, dont il voulait conserver la possession.

S'il ne fut pas toujours exempt de soupçons et de reproches, il maintint l'ordre dans la colonie; il accueilit et protégea la couleur blanche d'une manière toute particulière. Il se rendit maître d'une grande partie du territoire de l'île occupée par l'ennemi. Ces qualités se distinguèrent surtout en lui tant qu'il fut sous les yeux de l'autorité française; il s'affranchit de cette surveillante direction par le trait le plus odieux d'ingratitude.

Pour donner de nouveaux garans de sa fidélité, il envoya deux de ses fils en France, où ils furent élevés aux frais de l'État. Les autres généraux et chefs, noirs ou de couleur, ainsi que les troupes, montraient des sentimens d'attachement à la France aussi prononcés. Les uns et les autres avaient suivi l'exemple de Toussaint à l'égard de leurs enfans. On espérait qu'ils puiseraient dans les écoles françaises, avec des lumières et des formes plus douces, un caractère national (1).

Il a fallu toute la force des événemens tels que

(1) Christophe avait deux de ses fils au Lycée de M. Coignon. Ceux-ci, et tous les autres, en furent renvoyés à l'époque de l'expédition.

ceux qui ont eu lieu, pour les forcer à renoncer à ces sentimens de fidélité. Néanmoins, on remarque qu'ils commencèrent sensiblement à s'affaiblir à la nouvelle de la révolution du 18 brumaire. La crainte de voir leur sort attaqué et changé par la constitution qu'elle enfanta, et qui privait Saint-Domingue de sa représentation dans les assemblées nationales, excita une indignation générale contre le consul. C'était un *trait d'union* que, loin d'effacer, il fallait au contraire grossir et soigneusement conserver. Cette indignation s'accrut au point qu'on devait prévoir par le décret qui rétablit l'esclavage dans les colonies des îles du Vent. Saint-Domingue devinait aisément que l'exécution s'y étendrait aussitôt que cela paraîtrait praticable. Dès-lors, tous les moyens de résistance furent mis en œuvre, simulés sous les dehors les plus trompeurs de dévouement au consul et de caresses fallacieuses (1).

(1) Toussaint adressait toujours au consul des lettres portant en tête : *Le premier des Noirs au premier des Blancs.*

CHAPITRE XVIII.

Détails sur l'expédition partie en 1802.

L'EXPÉDITION chargée de soumettre la colonie y porta l'incendie, la dévastation, la peste et la mort.

Par une imprévoyance qui accompagne les mesures de désordre, on laissa circuler des écrits en France qui, transportés dans ce pays, y préparèrent et y firent naître le plus violent désespoir.

Les députés de la colonie, quoique sans caractère alors, adressèrent des représentations ou en commun ou en particulier sur ces dispositions, dont ils prévoyaient tout le danger; en consignant leurs alarmes sur leurs suites, ils exposaient que le Gouvernement devait les combiner avec des témoignages de bienveillance dus à des hommes qui, ayant, dans les temps les plus déplorables, unis leur sort à celui de la France, et résisté par leur propres forces à celles supérieures des ennemis, méritaient quelques égards; que ce n'était pas le moment de la paix qu'il fallait choisir pour leur envoyer des troupes, lorsqu'on les avait abondonnés dans la guerre; qu'ils ne verraient dans cet envoi que le prétexte de les asservir ; qu'il ne fallait rien précipiter, et que si le succès ne répondait pas à l'attente qu'on se promettait, c'était s'exposer à des maux incalculables.

Les représentations de ces députés auraient dû produire quelque impression ; mais ils étaient décriés dans ce Gouvernement comme ayant voté, avec ceux du commerce et la majorité des députés des départemens en opposition à la journée du 18 brumaire. C'était bien assez pous repousser leurs conseils ainsi que leurs personnes de tout emploi.

On n'écouta rien, et jamais on ne perdit, avec autant d'assurance, un pays qu'il était facile de retenir et de sauver des mains de l'anarchie. Il ne fallait que des lois protectrices de la propriété, une organisation militaire appropriée au temps, une administration sage et éclairée, et enfin une garantie de l'état politique des personnes. Le temps aurait fait le reste.

Mais ces idées simples ne pouvaient remplir le but qu'on paraissait se promettre. Cette affaire était liée, ainsi qu'on l'a vu, à celle de la paix obtenue alors ; il fallait éloigner une partie de l'armée commandée par Moreau, dont on redoutait l'opposition. Il fallait aussi un pays, ouvert à un exil honnorable pour les généraux et officiers dont on ne serait pas certain, comme d'évacuation et d'écoulement aux troupes qui devenaient à charge si la paix du continent se maintenait ; et comme les combats dans ce pays donnaient l'assurance que celles envoyées feraient place à d'autres qu'on y destinait, on ne prit aucune précaution pour prévenir cette guerre, dont on ne doutait pas, d'ailleurs, du succès infaillible.

La composition de l'expédition fut faite d'une manière aussi vicieuse que décousue ; elle renfermait le germe de tous les troubles et les élémens de tous les désordres.

Le commandement en chef fut confié au général Leclerc, qui n'avait d'autre titre pour justifier ce choix, que celui d'être le beau-frère du consul. C'était une première faute ; elle annonçait que, quelle que fût son administration, elle serait toujours approuvée, et interdire les réclamations et les plaintes. Mais une autre plus forte fut de désigner un successeur à Toussaint, sans s'être assuré de ses dispositions. Il était préférable, d'ailleurs, de n'envoyer que des commissaires, à l'autorité desquels ce pays était accoutumé.

Le commandant en second fut le général Rochambeau, dont la carrière militaire fut moins heureuse que celle de son illustre père : elle n'est connue que par des revers. Non-seulement il était l'ancien de Leclerc et le plus ancien de l'armée, mais il avait été gouverneur de cette colonie en 1793, et il avait montré des principes très-favorables aux noirs et aux hommes de couleur. On ne fit aucune attention à ces circonstances, et aux suites qu'elles pouvaient avoir. Si la division entre ces deux chefs, qui était à craindre et certaine, éclata, en effet, ce fut par un changement extraordinaire dans leurs principes politiques, auquel on ne pouvait s'attendre.

Leclerc, qui avait des instructions secrètes, vit le danger de les suivre. Jugeant que son beau-frère avait été trompé, il revint ou feignit de revenir sur ses pas, en adoptant des mesures plus douces. Rochambeau persista au contraire dans celles de rigueur et de violence, sans réserve, surtout lorsqu'il eut le commandement en chef, par la mort de son compétiteur (1).

Il était difficile que la population de Saint-Domingue pût se méprendre sur le but de cette expédition. Outre les écrits dont on a parlé, qui l'indiquaient assez, tous les ennemis particuliers de Toussaint en faisaient partie. Dans ce nombre on comptait ceux mêmes qu'il avait renvoyés de la colonie pour des délits plus ou moins graves. Néanmoins ceux-ci, aussitôt leur arrivée, se réunirent aux autres pour la défense de la cause commune.

(1) Ce commandement était déféré d'avance à Rochambeau, en cas de mort ou de rappel de Leclerc. Cette nouvelle faute donnait au premier une plus grande influence.

Dès que cette expédition paraît sur les côtes, elle est éclairée d'un incendie général, qui s'étend des villes aux campagnes.

Le débarquement ne s'opère qu'en combattant. Les troupes ne trouvent à terre que des ruines et des cendres. Il y a, parmi elles, une confusion épouvantable. Celles du pays se retirent dans les montagnes qu'elles ont fortifiées. Chaque jour, chaque nuit de nouvelles affaires s'engagent sans autre succès, pour les assaillans, que de garder les positions qu'ils occupent.

Dans cette extrémité, le capitaine-général parlemente, négocie, promet, traite et déclare par des proclamations qu'il n'a été envoyé que dans des intentions louables, et non pas pour troubler l'état des personnes, ni leur ravir la liberté dont elles jouissent. Il reçoit les généraux noirs et de couleur ; il s'en entoure. Une espèce de trève met fin au carnage pour quelque temps. C'est ce qui se passe dans le nord de la colonie.

Mais là, où l'on a des succès momentanés, on agit aussi d'une manière différente. Si la guerre cesse de faire couler le sang, on le répand avec profusion sur les échafauds.

Pendant cette trève, Toussaint, retiré des affaires, au moins ostensiblement, vivait sur ses terres aux Gonaïves. Le général et ses officiers, qui occupaient ce territoire, le visitaient souvent.

Ils en étaient parfaitement accueillis. Un jour, Toussaint est enlevé, fait prisonnier et sur le champ embarqué à bord d'une frégate qui lève l'ancre ; elle fait voile pour France. En arrivant, Toussaint est conduit au château de Joux : il y meurt peu de temps après.

Cet enlèvement, auquel on ajoute diverses circonstances pour le rendre plus odieux, s'il était possible, causa les plus vives alarmes. Les autres chefs s'attendirent au même sort ; tous prirent la résolution de mourir les armes à la main.

De nouvelles troupes arrivent de France. Chaque mois on faisait régulièrement partir pour la colonie, de quatre à cinq mille hommes. L'on se bat de nouveau ; de nouveau on fusille, ou l'on embarque pour France des malheureux comme suspects seulement ; ils sont destinés, sans jugement, à aller grossir dans les bagnes le nombre de ceux qui y sont déjà entassés, et mourir de misère ou de désespoir.

On rapporte qu'on se servit de bateaux à soupape, au moyen desquels on submergeait les victimes, sans distinction ni de sexe, ni d'âge, tant la fureur était grande, en raison de la résistance.

On ajoute que des chiens, achetés à grands frais à la Havane, de la race de ces dogues dont les Espagnols se servirent pour chasser les Indiens, furent lancés contre les naturels du pays que le fusil ou le canon épargnaient (1).

Il faut néanmoins rejetter de ces rapports tout ce qui paraît nécessairement exagéré et être incompatible avec la dignité de l'homme. Les malheurs étaient déjà si grands, qu'on a pu facilement les grossir. Notre imagination est prompte à donner aux maux que nous éprouvons des causes surnaturelles, lorsque les effets en sont extraordinaires.

(1) Nous rapportons à ce sujet le passage d'un ouvrage publié en 1814, dont l'auteur est désigné par les lettres C. D. Voici comme il s'exprime :

« Si nous ne considérons que les crimes des noirs envers les blancs, nous les regarderons comme des monstres. Mais si l'on se rappelle qu'on les a noyés par milliers dans des bateaux *à la Carrier;* qu'on les a chassés comme des bêtes féroces, avec des chiens dressés à les poursuivre; qu'on les a fait dévorer vivans par ces cruels animaux; qu'on les a pendus, brûlés, mitraillés, après les avoir désarmés en vertu de conventions militaires; qu'on les a déportés en Europe pour les mettre en première ligne dans les batailles; qu'on les a fait périr dans les cachots, par la faim et par les tourmens; qu'après leur avoir assuré leur liberté, on en a chargé des vaisseaux pour aller les vendre dans les colonies de la Terre-Ferme, on n'aura plus qu'à gémir sur l'effet cruel des passions et de la vengeance; et le philosophe ne verra dans ce chaos de crimes, et dans le récit de tant de fureurs, qu'une page atroce et sanglante de l'histoire du cœur humain. »

Cet auteur paraît parler comme un témoin de ces cruautés, et très-versé d'ailleurs dans tout ce qui a rapport à cette colonie. Cet ouvrage est très-estimé.

Les généraux, officiers et soldats français se rappellent la gloire qu'ils ont acquise dans des champs plus dignes de leur valeur, et sous des chefs plus dignes de les commander; ils se lassent de faire une telle guerre, et d'être les spectateurs de ses suites cruelles. Tous font des représentations : elles suffisent pour motiver leur déportation.

Enfin, les soldats s'intéressent au sort des insurgés. Un grand nombre passe de leur côté, notamment tous les Polonais.

Les renforts dont cette armée se recrute deviennent insuffisans. Le climat, la rosée et les nuits sont d'accord avec les combats pour en éclaircir les bataillons. Cette faiblesse double la force de l'ennemi.

CHAPITRE XIX.

Suites fatales de l'expédition ; elles consomment la ruine de la colonie.

Rochambeau porte son quartier-général au Çap, après la mort de Leclerc. Il abandonne la partie de l'Ouest.

Dans ce mouvement, il néglige de réunir ses troupes ; il les laisse disséminées dans les points fortifiés qu'elles occupent. Il s'épuise de tous côtés, et il continue la guerre.

L'armée du pays le suit, se groupe au contraire autour de lui. Elle opère en sens inverse de son ennemi. Elle avait livré plus d'un combat avec avantage pour elle-même. Aguerrie, sans besoin, sans bagage, elle profite des fautes de ses maîtres.

Dessalines, qui la commande, obtient par ses manœuvres un avantage décisif sur le général qui, deux mois auparavant, avait annoncé avec emphase, dans une proclamation, l'intention de le prendre vivant, et de le faire mourir sous le fouet.

Dessalines cerne le Cap, qui est sans approvisionnement ; il domine cette ville, en occupant les hauteurs et en en gardant les issues du côté de la plaine.

Réduit à cette extrémité, Rochambeau traite avec Dessalines : il lui défère le gouvernement de la colonie, ajoutant qu'il ne peut le confier à un plus brave militaire. Il lui recommande les malades et les blessés qu'il laisse. Rochambeau s'embarque avec environ deux mille hommes. Ils sont faits prisonniers par les Anglais, ainsi que lui, à la sortie du port.

Ce qui échappe à la fureur des noirs, tombe dans les mains des ennemis du dehors. Une croisière anglaise, à l'entrée du Cap, se saisit de tout ce qui en sort.

On ne peut peindre la désolation générale produite par cette évacuation imprévue.

Que va devenir cette population blanche encombrée dans la ville du Cap ! Elle n'a d'autre issue que la mer ; et si elle l'embrasse, d'autre perspective que les fers et une ruine certaine. Mais cette issue est encore interdite. Tous les bâtimens disponibles de la rade sont partis avec les débris de l'armée ; les autres, ou ne sont pas prêts, ou sont hors d'état de tenir la mer. Nouveau malheur ! Inutile ressource ! Les forts, placés à l'entrée du port, sont remis au pouvoir de l'armée assiégeante : rien n'en sort plus.

Tout espoir semble n'être pas encore perdu.

On se fie à la foi de la capitulation pour l'évacuation. Malheureux ! en qui la placez-vous? Dessalines n'est pas un guerrier, n'est pas un homme..... c'est un monstre. Alléché par le sang, il s'en abreuve...... Ses troupes ne suivent que trop l'exemple donné par ce barbare.

Il faut porter ses regards sur ce qui peut adoucir l'horreur de ce tableau.

Christophe et d'autres généraux noirs et de couleur se rendent dignes de ce rang par leur humanité, qui est le plus bel apanage de la valeur. Ils s'efforcent, assure-t-on, d'arrêter le carnage. Ils cachent, ils défendent, ils prient, ils menacent; ils sauvent enfin beaucoup de Français. Encore quelques momens : Dessalines et ses boureaux seront immolés aux mânes de leurs victimes.

La chute du Cap, le siége du Gouvernement général, fait bientôt tomber tous les autres points. Cette défection rend nécessaire l'évacuation générale de la colonie : partout elle est suivie des mêmes désastres.

On accuse les généraux Leclerc et Rochambeau de grandes fautes militaires. On reproche surtout à ce dernier de ne s'être pas retiré dans la partie espagnole, où il pouvait s'étendre, en s'appuyant sur Santo-Domingo, place qui a tenu encore six mois après la reddition de toutes les autres. Et puisque sa présence était devenue un obstacle invincible à toute réconciliation, de n'avoir pas remis le commandement à un autre général, notamment au lieutenant-général Pajeot, créole, connu et aimé dans le pays. Il aurait su s'y maintenir, parce que, de bonne heure, il avait compris qu'il est des sacrifices qu'il faut savoir faire.

On fait à ces généraux des reproches beaucoup plus graves. Il n'entre pas dans notre tâche de nous y arrêter : elle se borne à présenter les résultats de cette expédition, qui, sans doute, pouvait être confiée à des hommes moins malheureux, et à faire ressortir de ce tableau l'utilité de mesures plus pacifiques, afin d'éviter les mêmes désastres.

Au surplus, l'un est mort de chagrin sur les lieux, et Rochambeau, resté prisonnier en Angleterre jusqu'en 1813, a été tué au champ d'honneur à la bataille de Leipsic.

La population de Saint-Domingue triomphe. Elle demeure maîtresse absolue du territoire : elle respire. Elle a essayé ses forces contre les plus redoutables troupes, jusqu'alors réputées invincibles; et comme chaque peuple a son système de défense, adapté à la nature de son sol, celui-ci, soit en attaquant isolément et se retirant dans les montagnes, soit en se défendant, soit en temporisant pour appeler à son secours, et comme auxiliaires, les mois de l'année dont la chaleur dévorante est mortelle à ses ennemis, a résisté à cent mille hommes au moins, envoyés successivement contre lui, aux ruses, à la politique, aux promesses, aux artifices de toute espèce et à ce que la terreur, enfin, a de plus épouvantable.

Saint-Domingue remporte ces avantages à l'époque où la guerre avec l'Angleterre se renouvelle. Ce pays n'a pas à craindre, de long-temps, que le Gouvernement français puisse faire une nouvelle expédition.

Les Gouvernemens n'emploient pas deux fois des moyens aussi grands, aussi dispendieux et aussi hasardeux; car, outre la perte en hommes des deux côtés, qu'il faut compter, causée par cette tentative, celle en bâtimens de l'État, en bâtimens du commerce, qui tous furent pris, la perte en argent peut être évaluée à trois cent millions(1). Elle devient incalculable si, à la destruction des villes, des propriétés, à l'abandon des arsenaux, qui étaient immenses, l'on ajoute la scission de cette puissante colonie avec la France, et la détresse que ce revers porte au commerce et aux affaires en général.

(1) Il a été tiré en lettres de change, de la colonie sur le trésor de France, pour une somme énorme.

Saint-Domingue ne prend, d'abord, aucun parti : il attend.

Si, au moment de la nouvelle de ce désastre, le Gouvernement eût fait partir des commissaires pour tâcher de raccommoder les affaires ; s'il eût désavoué ostensiblement les opérations de ses deux capitaines-généraux ; s'il eût renvoyé les hommes de toutes couleurs, captifs dans les bagnes ; s'il fût revenu au point essentiel de reconnaître l'état des personnes ; le droit dont la colonie avait joui d'être représentée, ces remèdes, sans tarir d'abord la source du mal, auraient pu devenir, au moins, des palliatifs capables d'en arrêter le cours.

Des hommes d'État et des hommes sages proposèrent cet accommodement ; on parut s'en occuper, ou du moins ne par le rejeter. Mais les affaires d'Europe accupaient assez les soins du Gouvernement qui s'enfonçait toujours plus avant dans de nouveaux embarras et dans de folles entreprises, pour porter ses regards sur des objets aussi éloignés, qui ne l'intéressaient plus ; il n'en fut plus question : cet état dure depuis seize ans.

CHAPITRE XX.

La population de Saint-Domingue prononce sa scission avec la Métropole. Deux nouvelles formes de Gouvernement y sont établies et régissent la colonie.

Il était tout naturel que des hommes que l'on oubliait et qui redoutaient encore le réveil du lion, prissent soin de leur conservation. Ainsi qu'il arrive toujours, dans un pays livré à lui-même, sans Gouvernement, où les passions sont la seule règle, les plus forts et les plus audacieux se saisissent du pouvoir. Il peut leur rester, s'ils sont sages, prudens et justes : ils le perdent s'ils s'appuient sur la tyrannie ; car, elle n'offre qu'une faible et inutile résistance.

Dessalines régnait sur toute la colonie, par le seul droit qu'il tenait de Rochambeau. Trop borné pour occupper long-temps une telle place, et ajoutant de nouveaux crimes aux crimes commis envers les Européens, il se rend de plus en plus odieux.

Pétion, homme de couleur, comman de dans

le Sud. Il l'attaque le premier. La partie de l'Ouest est le théâtre de cette lutte.

Christophe a son quartier-général au Cap : il reste spectateur inactif de ce qui se passe ; mais il travaille secrètement contre Dessalines, et de concert avec Pétion.

Une partie du temps est employée à guerroyer, l'autre à conspirer. La chute du tyran paraît être le but auquel on vise, plutôt qu'à celui du pouvoir, quoique l'un ait autant d'attraits que l'autre.

Enfin, la conspiration réussit. L'implacable ennemi de l'humanité est assassiné par les siens, au Port-au-Prince, avec une partie de sa garde et des complices de sa barbarie.

Pétion entre au Port-au-Prince, et Christophe s'avance avec ses troupes. Mais Dessalines mort, il faut décider à qui restera le commandement général entre les deux rivaux. C'est le sujet de la guerre qu'ils se sont faite pendant près de quatre ans, avec l'opiniâtreté qui caractérise ces sortes de querelles, et que la haine, animée par l'amour de l'autorité, peut faire naître et rendre plus active.

Si le pouvoir eût dû être déféré au plus ancien en grade, d'après les réglemens militaires de France, il appartenait à Christophe. Il est général de division depuis l'an 5, et Pétion n'était que colonel.

L'ancienneté était le titre qu'invoquait Christophe; mais son rival le regardait comme anéanti par les événemens. Jusques-là, il n'avait point encore été question d'établir aucune forme de Gouvernement: tout se réglait comme précédemment. Cette contestation y donna lieu. Pour égaliser les droits, les hommes de couleur du Sud se réunissent en assemblée; ils en confèrent la présidence à Pétion, avec le droit de commander les troupes. Cette autorité s'est ensuite accrue et fortifiée. Pétion n'exerce pas moins, sous cette dénomination modeste et républicaine, la haute puissance.

Entraîné par cet exemple, comme par des *conseils irrésistibles*, Christophe s'élève à un rang égal à celui de Buonaparte. Il se fait proclamer Roi de Haïti: il est salué comme tel par les bâtimens étrangers qui se trouvent en rade. Rendant par là à Saint-Domingue le nom que cette île a perdu depuis sa découverte, la colonie française est totalement éclipsée par la conjonction de ces deux nouvelles planètes qui s'élèvent sur elle.

C'est ainsi que se termina cette singulière révolution, sauf quelques incidens peu importans, et la participitation qu'y prirent, sans doute, les ennemis publics du consul, intéressés à lui jouer ce perfide tour, et à l'embarrasser de tous les côtés.

On n'eût pas été fâché, qu'irrité de cette parodie, il se fût emporté au point de vouloir y faire passer des forces pareilles à celles qui avaient si complètement échoué et amené ces tristes résultats. S'il ne prit d'abord aucune mesure de conciliation, il sut, cette fois, renfermer son ressentiment dans de justes bornes. Tout accomodement, d'ailleurs, devenait avec lui impossible: il le savait. Sans cela, il eût peut-être tenté les voies de la négociation, et accordé plus qu'on ne demandait.

CHAPITRE XXI.

Effets du changement de Gouvernement.

UNE main officieuse s'est entremise pour réconcilier les deux chefs : s'il n'y a point entr'eux une union bien intime, un intérêt commun la remplace, et a fait trève à l'inimitié, pour le moment.

Par là Saint-Domingue a pu respirer et travailler à réparer les ravages de la guerre. Il ne faut que la paix à ce pays pour faire disparaître bientôt jusqu'aux moindres traces des troubles.

Une amélioration sensible s'est fait remarquer. Les travaux dela culture ont repris. Le commerce a renoué ses relations : elles se sont étendues aux colonies espagnoles et au Mexique. Il est loin, sans doute, d'être à la hauteur où il s'était élevé il y a vingt-cinq ans, mais cette situation présage qu'il peut y arriver.

Ce qu'il y a de certain, c'est que le commerce en a exporté, dans chacune des cinq dernières années, soixante millions pesant de café, acheté à quatre sous la livre : il s'est vendu, en Europe, de trente à trente-cinq. On peut calculer, d'après les bénéfices produits par ce seul article, les bénéfices qu'offrent les autres denrées, sans y comprendre ceux faits sur les marchandises importées dans la colonie.

Les profits qu'obtiennent les commerçans de la Jamaïque, vont de cinquante à quatre-vingt pour cent, et jamais l'avidité mercantile n'a été stimulée par un appât plus puissant (1).

(1) Rapport de M. le comte Barbé-Marbois à la Chambre des Pairs, 18 octobre 1814.

CHAPITRE XXII.

Formes, limites du Gouvernement dans la colonie, et forces militaires.

DEUX formes de gouvernement régissent la colonie française de Saint-Domingue, moins étendue de beaucoup que la partie espagnole : l'une monarchique, et l'autre républicaine, si l'on peut leur donner ce nom, car l'autorité militaire y fait la loi.

La rivière de l'Artibonite paraît en former les limites : elle partage ce territoire en deux parties à peu près égales. La balance de la population et des revenus peut être de peu de chose en faveur du gouvernement de la rive droite, sous l'autorité de *Christophe* (1). Pour distinguer les deux gouvernemens, nous suivrons cette dénomination, ou celle de Haïtiens et de Colombiens (2).

(1) Ce général a été connu sous ce nom jusqu'à l'époque de son changement de titre. Il s'appelait ainsi, parce qu'il était originaire de l'île anglaise de Saint-Christophe. Son nom véritable est *Henri*, qu'il a repris. C'est sous celui-ci que nous le désignerons dans la suite de cet ouvrage.

(2) Nous donnons ce nom à la rive gauche de l'Artibonite, la patrie, pour ainsi dire, des hommes de couleur. Il paraît juste qu'ayant rétabli, pour l'autre partie, le nom primitif de l'île, de rappeler celui de l'immortel auteur de la découverte.

La force militaire de l'un et de l'autre est entièrement composée de noirs.

Celle de la rive gauche n'en diffère, que parce qu'elle compte dans ses rangs beaucoup d'hommes de couleur employés comme officiers.

Le corps de troupes sous Henri peut se monter de quatorze à quinze mille hommes; celui de Pétion à douze mille. Au besoin, se réunit, à ces deux corps de troupes, la masse des cultivateurs valides, tous armés, dont le nombre peut s'élever à cent mille.

Dans l'armée colombienne, il y a plus d'instruction. Les hommes de couleur en ont presque tous reçu les premiers élémens.

L'armée de Haïti balance cet avantage par le plus grand nombre de blancs qui y servent. Henri est plus le maître de cette armée : il a moins de précautions à prendre, moins de sacrifices à faire pour la contenir dans l'obéissance, que Pétion, qui a toujours à craindre une défection dans la sienne, par l'attraction de la couleur noire, qui l'attire du côté de Henri. Si cette défection ne s'est pas encore effectuée, il faut uniquement l'attribuer à la sagesse de Pétion, et à la confiance qu'il inspire personnellement, car la population des noirs est à celle des hommes de couleur dans la proportion de trente à un.

CHAPITRE XXIII.

Caractère personnel des deux chefs, et physionomie morale des noirs et hommes de couleur.

APRÈS les violentes tempêtes qui se sont élevées à Saint-Domingue, cette île est heureuse d'avoir eu deux chefs inspirant assez de confiance pour empêcher les hommes qui l'habitent de s'entre-déchirer.

Si ces deux gouvernemens ne sont pas destinés à figurer sur la scène du monde, parce qu'ils sont privés des moyens qui donnent la grandeur, et que leur territoire est trop circonscrit, du moins ils présentent le commencement d'une société naissante, dont la férocité pourrait être bannie, et qui est susceptible de s'élever à des principes d'humanité nécessaires, et considérés comme les seuls liens de confraternité qui puissent unir les hommes.

Le rang qu'occupent les chefs est incertain : il n'est rien. Il ne servirait qu'à les rendre odieux au genre humain, s'ils n'employaient le pouvoir qu'ils se sont acquis à adoucir les mœurs de leurs subordonnés, à les diriger vers la civilisation, et à en assurer les progrès par la religion, la source de toutes les vertus privées et publiques.

On trouve peu d'actes dans la carrière de Henri qui puissent faire très-mal augurer de ses sentimens. Il n'a pas trempé ses mains dans le sang de ses semblables, par préméditation et par le seul plaisir de le verser. L'emportement de son caractère peut faire excuser certains écarts, condamnables dans d'autres circonstances. Il s'est abstenu souvent de faire ce que la guerre n'autorise pas. Dans plusieurs circonstances, les blancs furent humainement secourus par lui. Il a des traits particuliers qui l'honorent.

Avant ces événemens, Henri était le général le plus subordonné, le plus exact à remplir ses devoirs et à maintenir parmi les troupes la plus exacte discipline, ainsi que parmi les cultivateurs.

On le voyait constamment avec les généraux européens : il en était particulièrement estimé. On ne le compta jamais dans aucun complot.

Il fut un des premiers à se réunir à Leclerc, quand il crut apercevoir qu'il voulait le bien, et le premier à s'en éloigner ostensiblement, quand il crut reconnaître son erreur.

S'il n'a pas la profonde politique de Toussaint,

ni sa bigoterie, il est loin aussi d'en avoir le caractère sombre, soupçonneux et inquiet.

Comme général de division, il fit peu parler de ses talens militaires : cependant on lui en connaissait. Il s'appliquait à réparer par l'étude ce qu'il n'avait pu apprendre dans l'esclavage.

C'est ainsi qu'il a été connu. Il est vrai que les révolutions, qui poussent aux honneurs et encouragent l'ambition, changent étrangement ceux qu'elles favorisent.

Au surplus, la vertu sert rarement de marche pied pour s'élever sans titre au pouvoir : elle l'affermit, mais elle n'y conduit pas.

Nous avons recueilli quelques traits saillans qui peuvent le mieux faire connaître.

Étant à dîner chez le général Leclerc, un aide-de-camp, placé près de Christophe, remplissait toujours son verre : il le renvoyait, et en demandait un autre, parce qu'il est extrêmement sobre : s'apercevant que c'était un tour de l'officier, il se retourne en fureur, et lui dit : *Petit blanc, tu ne sais pas que si j'avais bu tout le vin que tu m'as versé pour me surprendre, je voudrais boire tout ton sang et celui de ton général.*

On se lève de table. L'agitation devient plus grande par les reproches que Leclerc lui adresse, relativement à Toussaint. On craint les suites de cet emportement mutuel. Leclerc ordonne de faire prendre les armes à sa garde : Christophe ne garde plus de mesure.

« Oui : réunissez vos soldats : les miens sont » prêts. Je ne me suis rendu à votre festin qu'en » prenant cette précaution. Je n'ai qu'un mot à » dire, et vous seriez mon prisonnier : mais vous » êtes mon chef, et je vous respecte. Cela vous » explique comment j'ai obéi à Toussaint. Il avait » sur moi le même titre que vous. S'il m'avait or- » donné de précipiter l'île dans la mer, j'y aurais » employé mes efforts. Voilà comme j'obéis ! Voilà » aussi comme j'entends qu'on m'obéisse !

» Toutefois, je fais une grande différence entre » ce général et vous. Il savait adoucir les maux de » la guerre, et vous, vous les agravez sans pitié. » Vous l'avez, traîtreusement, fait enlever, contre » la foi des traités. Son nom était connu : il était » dans ce pays la terreur des ennemis de la France. » Le vôtre n'était point encore venu jusqu'à nous ; » nous ne vous connaissons que pour avoir com- » mandé des satellites contre les représentans de la » nation. C'est cette action d'éclat, sans doute, qu'a » voulu récompenser le Consul, en vous donnant » sa sœur et le commandement de cette île. Mais il » faut plus que de telles actions au général chargé » de nous soumettre. Peut-être le Consul a-t-il trop » méprisé ce que nous valons, ou ne nous a-t-il

» pas assez estimés pour nous donner un chef pris » parmi ces généraux, fameux par tant d'illustres » exploits en Italie, en Espagne et en Allemagne, » et parmi les braves qui vous obéissent (1). Il » nous eût fait une guerre ouverte, loyale, et non » sanglante, atroce et sans but. Nos prisonniers » seraient traités avec humanité : c'est la première » vertu des héros. Son nom nous eût ralliés. Mais » le complice de l'oppresseur de la liberté nous » indique d'autres devoirs : il nous apprend à » donner à la France l'exemple que nous aurions » dû en recevoir. »

Si, d'après les notions reçues sur les principaux officiers qui lui sont attachés ou qui servent dans son armée, nous ne pouvons pas dire que tous soient exempts de reproches, au moins le plus grand nombre paraît être composé de bons militaires et de braves gens. Tous sont assez éclairés pour savoir que la France est encore leur seul point de salut.

Il fallait peu de choses pour les attacher aux Français. Ils n'en sont pas des ennemis aussi implacables qu'on aurait lieu de le croire. Sans doute l'expédition a tué la confiance; elle les a entraînés à un parti désespéré. Quoique le temps l'ait consolidé, un retour n'est pas impossible.

(1) Il y avait, en effet, dans cette expédition des généraux du plus rare mérite. On comptait parmi eux les lieutenans-généraux comte Claparède, les barons Desbureaux, Desfournaux, Debel, Pajeot, etc.

Ce n'est pas le seul mal qu'ait produit cette attaque; elle a fait naître des intérêts qui leur étaient inconnus, en leur faisant considérer comme le fruit de la conquête, les propriétés particulières dont ils jouissent.

Cette opinion est celle de l'armée, de son chef, et de toute la population de la rive droite de l'Artibonite : nous en parlerons plus loin.

CHAPITRE XXIV.

Suite du précédent.

Quant à Pétion, nous pensons qu'il ne commettra jamais par lui-même une action condamnable. Il a servi long-temps en France; par là, il s'est trouvé éloigné de recevoir l'impulsion et de se nourrir des maximes pernicieuses de quelques-uns des siens qui leur montraient l'expulsion des blancs comme nécessaire à leur sûreté.

Pétion n'a pas eu ces funestes préventions, parce qu'il a plus vécu en France que dans la colonie; il a, d'ailleurs, un discernement supérieur; il semble professer des principes essentiellement républicains.

Les officiers qui l'entourent partagent ces sentimens et cette opinion. Mais en général les hommes de couleur sont d'une telle susceptibilité sur tout ce qui concerne leurs droits, leur autorité et leurs intérêts, que le seul signe de vouloir y toucher les réduit au désespoir et cause un embrasement général.

Cette susceptibilité s'étend jusqu'aux écrits publics, surtout à ceux de France, où il est question d'eux : le bien ou le mal qu'ils peuvent contenir cause la sensation la plus vive, et produit une influence spontanée sur leurs passions. Chez les noirs, cette influence est également très-active ; et chez les uns comme chez les autres, ces écrits ont des conséquences graves. Toujours ils ont un motif de bienveillance ou de proscription à l'égard de celui qui en est porteur.

Ces sentimens prouvent combien ils attachent d'importance à l'opinion, et la possibilité de leur inspirer de bons sentimens.

L'extrême humiliation qui était le partage des hommes de couleur avant la révolution, les guerres longues, meurtrières et cruelles qu'ils ont soutenues contre les blancs, ont laissé dans leurs âmes un ressentiment que rien n'a pu calmer jusqu'ici. Il est moins profond dans les noirs, soit parce qu'ils ont eu moins d'occasions d'en venir aux mains avec les blancs, soit parce qu'en raison de leur nombre la perte ait été moins sensible, et qu'ils aient eu moins de titres à réclamer les mêmes droits.

En général les hommes de couleur sont bons, doux, hospitaliers et braves ; ils avaient cette réputation avant la révolution. Toutefois, ils étaient plus méprisés, plus maltraités, plus opprimés que les esclaves. Le ressouvenir de ces maux, que l'orgueil, ou plutôt que l'habitude et une fausse politique, appesantissaient sur eux, suffit pour réveiller toute leur fureur. Aussi, verra-t-on difficilement l'intimité et la confiance s'établir entre les uns et les autres.

Cet éloignement se fortifie encore du même principe et de la même manière d'envisager la conquête ou l'état actuel des choses, que les noirs. Cette opinion s'y manifeste avec bien plus d'énergie; depuis long-temps elle germait et avait jeté de profondes racines dans l'esprit des premiers, ainsi que nous le verrons dans le chapitre suivant.

CHAPITRE XXV.

Des propriétés particulières à Saint-Domingue.

La liberté est le bien précieux que l'homme ambitionne. Il n'est pas assez raisonnable pour s'y borner: quand il l'a obtenue, il en apprécie moins le bienfait, si elle n'est suivie de l'autorité unie aux richesses. Ce sont les liens avec lesquels on l'attache au poteau de la tyrannie. Il sacrifie tout, ensuite, à la conservation de ces prétendus avantages qui flattent plus directement sa vanité.

On peut appliquer ces réflexions à toutes les sociétés nombreuses, à tous les temps, à tous les hommes, quelle que soit la couleur que Dieu ait donnée à leur épiderme en les créant; et si l'on pouvait douter encore qu'ils provinssent tous de la même origine, les mêmes vices, les mêmes passions qui animent le cœur des noirs comme celui des blancs, suffiraient pour lever ces doutes.

Nos vertus sont plus particulièrement notre ouvrage. Elles sont le fruit de l'exemple, de la réflexion, des lois, des institutions politiques et de l'éducation à laquelle préside la religion. Elles doivent être cultivées avec soin; la liberté les inspire: l'esclavage en étouffe le germe. La distinction du tien et du mien dérive de la morale.

De même que les hommes, les sociétés sont long-temps dans l'enfance avant de pratiquer ces principes. Si celles dont nous parlons ont atteint tous les vices des anciennes, elles sont encore loin, il faut le dire, d'en avoir les vertus.

Les lois sur l'émigration n'eurent aucune exécution à Saint-Domingue, quoique cette colonie y fût soumise. Il n'a été dressé aucune liste d'émigré.

Les biens des absens furent long-temps abandonnés en raison des dépenses considérables que leurs réparations entraînaient. Les temps devenus plus calmes, et le commerce offrant des débouchés, le Gouvernement porta aussitôt ses regards sur cet objet important. Un ordre suffît pour ramener les cultivateurs sur les habitations auxquelles ils appartenaient. L'administration en percevait les revenus, les affectait aux divers services publics et aux améliorations les plus urgentes de ces biens.

Seulement quelques chefs militaires, dans les cantonemens qui leur étaient assignés, se placèrent sur ces propriétés, mais sans dessein de se les approprier. On étendit ensuite leur juridiction sur les cultivateurs rentrés, à la surveillance des travaux et au maintien de l'ordre.

Ces mesures eurent tout le succès désirable sous le Gouvernement de la rive droite de l'Artibonite.

Il n'en fut pas ainsi sous celui de la rive gauche. Les ordres du gouverneur français y parvenaient difficilement. L'occupation du Port-au-Prince, par les Anglais, coupait la communication avec cette partie de la colonie.

Là, il fut pris d'autres dispositions à l'égard de ces propriétés, par le général Rigaud, homme de couleur qui y commandait. Les plus considérables et les plus épargnées dans les troubles, furent données à ferme, à très-vil prix, aux principaux chefs militaires.

On ne vit peut-être pas d'abord le vice qui devait résulter de cette fausse mesure: mais de la jouissance naquit le désir de la propriété. On soutint ensuite sa possession du droit de la force.

Le Gouvernement voulut faire cesser cet abus, dont il prévoyait les dangereuses suites; au moins y mettre un terme.

La délégation française (1), chargée du gouvernement et de l'administration dans les provinces du Sud et de l'Ouest, accorda, partiellement, des mises en possessions à ceux des propriétaires

(1) Composée de l'ordonnateur Leborgne de Boigne, président, et des généraux Kerversau et Rey. Le lieutenant-général Desfournaux était chargé de l'inspection des troupes.

présens. Lorsque les biens restitués n'étaient pas tenus à ferme, on ne faisait que murmurer : mais s'ils étaient affermés, on la considérait comme une véritable dépossession. On annonce l'intention de ne les cèder qu'à la force. L'esprit prévenu et l'intérêt qui se croit lésé, travaillent, en secret, aux moyens de s'opposer à ces actes de justice.

Ces premières mesures politiques furent suivies d'un arrêté qui autorisait les propriétaires retirés dans les places, au pouvoir de l'ennemi, et ceux qui en avaient accepté du service, à rentrer. La délégation assurait à ceux-ci, pour les déterminer, le même rang qu'ils occupaient dans l'armée ennemie. Ces actes d'amnistie, pour arriver à une pacification, furent le motif d'une insurrection générale contre les délégués (2).

(1) La délégation fut attaquée, à main ouverte, par les troupes sous les ordres de Rigaud. Celui-ci abandonna une opération militaire que les délégués lui avaient confiée. Il revint aux Cayes avec le corps qu'il commandait et tous les noirs qu'il put ramasser sur une route de cinquante lieues qu'il avait parcourue.

En arrivant, la ville est mise au pillage. On assassine dans les rues et dans les maisons. Les troupes de France, composées des débris des régimens passés dans la colonie en 1791, auxquels se réunissent tous les blancs, des troupes noires et les hommes de couleur les plus influens, se défendent avec courage; mais le nombre triomphe de la valeur, par la défection de quelques chefs.

Ces désastres et leur suite furent épouvantables. Les délégués persistèrent à demeurer à leur poste. On respecta néanmoins leurs per-

Le général Rigaud, homme de couleur, en fut le provocateur. Il se montra, en cette occasion, l'homme le plus sanguinaire et le plus ambitieux. D'un côté, il se crut intéressé à défendre le système qu'il avait introduit sur les terres, comme la base de l'influence qu'il exerçait sur sa caste : de l'autre, la crainte de perdre le commandement général, et qu'il fût donné par les délégués au général Desfournaux, s'unit, non moins fortement, aux causes premières d'une criminelle résistance.

Dès cette époque, cette partie de la colonie, profitant de l'interruption des communications avec le siége de l'autorité centrale, établi au Cap, se gouverna elle-même, et essaya ainsi son émancipation.

Quelque temps après, Toussaint marcha contre Rigaud : il le défit entièrement. Ce dernier vint en France, et fut employé dans l'expédition (1).

sonnes et leur caractère public. Ils avaient un parti qui balançait celui de Rigaud, et qui les délivra.

La position de ces délégués fut la plus difficile et la plus dangereuse où des hommes puissent se trouver. Les Espagnols y prirent un intérêt particulier. Tous les bâtimens de l'État et tous les flibustiers de la côte se réunirent pour leur défense.

Le directoire exécutif, dans le compte qu'il rendit de ces événemens au corps législatif, honora le courage et le dévouement que les délégués et le général Desfournaux montrèrent en cette circonstance pour le maintien de l'autorité française et le salut de leurs concitoyens.

(1) De nouveau déporté par Rochambeau, il fut renvoyé encore

L'esprit qui se manifeste à cette époque (1), pour la conservation du pouvoir et des propriétés, loin d'avoir changé, d'après les événemens postérieurs, a dû au contraire se fortifier.

Toutefois, les mêmes factieux, qui agitèrent alors cette rive, sont morts. Un militaire plus élevé par ses sentimens en a le commandement. Mais il est à craindre que, quelque droites que puissent être ses intentions, il lui soit impossible de donner une autre direction à l'opinion fondée sur l'intérêt particulier.

La même autorisation en faveur des propriétaires, dans la même position, fut accordée et proclamée sur la rive droite. Non-seulement elle ne provoqua point de mouvement, mais elle ne donna lieu à aucune plainte, à aucune réclamation.

La raison en est que, dans le Nord, les propriétés étaient sous la main du Gouvernement; que les chefs militaires n'avaient aucune prétention à faire valoir, ni motifs de les retenir comme usufruitiers : ils ne les avaient point à ferme.

Mais, malgré ce qui s'était passé sur l'autre rive, malgré les protestations faites contre l'introduction de ce dangereux système, il prévalut,

dans la colonie par le consul, après l'évacuation des troupes françaises, avec une mission particulière et secrète.

(2) Ans 4 et 5.

par les menées artificieuses d'un agent nommé Raimond, homme de couleur. Il se fit appuyer par plusieurs chefs noirs, qui, n'étant pas payés de leur solde, demandèrent des fermes, à la condition d'en retenir le prix sur leur solde arriérée et courante.

D'un côté, l'état des finances ne permettait pas de faire les avances nécessaires à l'exploitation de tant d'habitations, et qu'il fallait laisser à la charge des fermiers ; l'espérance, de l'autre, que beaucoup de capitalistes américains concourraient aux fermages et à relever promptement la culture des terres, et les précautions qui devaient être prises pour prévenir toute usurpation, furent les motifs spécieux qui l'emportèrent ; mais, dans le fond, ils ne déguisaient que l'avidité de l'infidèle agent (1).

Aussitôt que cette désastreuse mesure fut arrêtée, tous les chefs noirs et de couleur se présentèrent pour être fermiers. Ils désignèrent les terres à leur convenance. On ne se bornait pas à une seule : on voulut en avoir plusieurs. La répartition s'en fit de cette manière, et elle fut réglée, en quelque sorte, sur le grade. Des Américains, en effet, formèrent des sociétés avec plusieurs de ces chefs-fermiers : ils avancèrent les fonds suf-

(1) Il était à la tête d'une compagnie qui avait à ferme quarante-deux habitations en sucrerie.

fisans. Les premiers qui les avaient en nom y mirent leur intelligence, leur zèle et leur crédit sur les cultivateurs, qui, stimulés par l'intérét qu'ils avaient dans les produits, cultivaient mieux et faisaient plus de travail, au nombre de quatre-vingts à cent, qu'autrefois trois cents esclaves réunis sur la même habitation. La restauration des terres s'opérait comme par enchantement. Mais ces succès tournèrent au détriment du Gouvernement et des propriétaires.

Ces fermiers jugèrent, par les résultats, qu'il était bien plus avantageux de posséder tout à fait que de posséder à un titre précaire, et l'essai de la propriété en devint le premier titre. Il s'est affermi par la défection de l'expédition, et par quinze ans de jouissance sans contestation.

Sans ces données générales et particulières, dont aucun ouvrage n'a fait mention, on ne peut connaître la véritable situation morale et politique de Saint-Domingue, et moins encore adopter des bases certaines, ou pour la faire changer, ou pour en modifier les effets.

Le mal ne réside donc pas uniquement dans la jouissance de droits politiques contestés et défendus avec le même acharnement. Il ne s'agit pas non plus d'interroger les secrets de la nature, pour savoir si les organes des noirs, des hommes de couleur ou basanés sont susceptibles de recevoir les mêmes impressions que les Européens, le mal a pris un caractère plus grave : il s'est étendu ; il se confond aujourd'hui avec l'usurpation de l'autorité souveraine et celle des propriétés particulières. Et comme l'intérêt et le pouvoir sont les plus puissans mobiles des actions des hommes, il n'en est point, non plus, qui présentent plus de résistance. Voilà la question et le nœud gordien.

CHAPITRE XXVI.

Doit-on couper ce nœud, ou seulement chercher à le dénoüer ?

Les métropoles pèsent toujours plus ou moins sur leurs colonies. Celles-ci n'existent que pour la grandeur et la prospérité des premières. Dans les commencemens de ces établissemens, tout est prodigué à leur donner des encouragemens. Sont-elles parvenues à un certain degré d'élévation, on les néglige ou on les craint? Les concessions dont elles jouissaient tombent en vétusté; les métropoles se montrent de plus en plus exigeantes à leur égard. Au lieu de maintenir et d'agrandir ces faveurs, et même de les fortifier par des liens plus durables, les colonies sont trop heureuses encore quand elles ne sont pas livrées à la fiscalité, à la vénalité, à l'ignorance, à l'injustice ou à l'oppression des agens métropolitains chargés de les gouverner.

Les colonies, de leur côté, sentant tout le poids de leur suggestion, privées de l'exercice de toute autorité intérieure, de tous droits, de celui de représentation, le plus sacré, puisqu'il renferme le droit de réclamation, montrent peu d'attachement pour d'ingrates souveraines. Si elles n'aspirent pas toujours à secouer le joug, elles passent, sans contrainte, sans efforts, sans regrets, au pouvoir de l'ennemi qui se présente. Il ne peut jamais agraver leur sort : mais il peut l'adoucir.

Ceci est l'histoire générale des colonies anciennes, comme une partie de celle des colonies modernes.

On ne connaît qu'un seul exemple d'indépendance donné par les colonies européennes établies dans les deux Indes: c'est celui de l'Amérique septentrionale.

Si le parlement d'Angleterre eût eu toujours la même déférence pour les avis de *lord Chatam*, l'un des plus grands hommes d'État dont ce pays s'honore, parmi le grand nombre qu'il possède et qu'il a eu dans tous les temps, il évitait cette séparation, ou plutôt le parlement d'Angleterre eût formé le premier anneau de la chaîne fédérale qui peut seul, par le partage d'avantages communs entre les colonies et leurs métropoles, conserver et attacher ces possessions éloignées. Tout a un terme, et ce terme était marqué pour cette grande œuvre.

Nous l'avons déjà remarqué, cet exemple a beaucoup influé sur les colonies puissantes, au nombre desquelles il faut placer Saint-Domingue.

Nous ne comparerons pas cependant les causes et les effets qui déterminèrent l'indépendance des États-Unis, avec ce qui s'est passé dans cette dernière colonie.

Au nombre des grands hommes qui se signalèrent dans cet événement mémorable, on distingue le célèbre Francklin et le grand Wasington. Le premier attacha à cette cause autant de prosélites, au dehors, que le second en réunissait dans son pays.

Mais déjà, d'une des assemblées des insurgés, était sortie la fameuse déclaration des droits de l'homme. Ce frontispice, digne de l'édifice projeté, ne produisit pas seulement des amis qui, dans toute l'Europe, s'intéressèrent à son élévation et voulurent y travailler, mais des enthousiastes ardens. Plusieurs des premiers seigneurs de la cour de France donnèrent l'exemple du noble dévouement de servir sous les drapeaux de la liberté. La chevalerie française semblait renaître. Ce n'était pas la première fois qu'on la voyait combattre pour la défense de la faiblesse, de la religion et de la patrie : mais c'était la première fois qu'elle combattait pour la liberté. Elle fit, en cette occasion, ce qu'elle eût dédaigné de faire s'il se fût agi de fonder une monarchie.

Les Américains, dès leur insurrection, eurent, dans toutes les cours, des agens accrédités. Enfin, l'Europe maritime seconda leurs efforts généreux, entraînée par les mêmes sentimens, tant ce qu'on appelle aujourd'hui idées libérales, avait d'ascendant sur l'esprit des Rois, notamment sur celui de Louis XVI.

L'armée française qui était partie pour soutenir les insurgens, en revint vivement pénétrée des principes en faveur desquels elle avait combattu. Soit par elle, soit par les écrits du temps, on peut dire qu'ils s'inoculèrent facilement en France, dans tous les esprits, déjà préparés à les recevoir par celui du siècle, qui en était empreint.

Il est toujours dangereux, pour les États, d'avoir des troupes dans un pays où se discutent de grandes questions sur la liberté. Ce sont des leçons qu'elles écoutent et retiennent trop facilement.

Les Américains formaient une nombreuse population, habitant un pays immense. La constitution et les lois qu'ils se donnaient, semblaient être dictées par une sagesse surnaturelle. La majorité de la nation anglaise partageait l'enthousiasme général. Elle se divisait, pour ainsi dire, pour fonder en Amérique un second empire, comme elle en possédait un autre dans l'Inde, sous la tutelle d'une compagnie de commerce, se trouvant elle-même sous celle de la nation.

Son Gouvernement, en reconnaissant cette indépendance, ne fit que céder à une impulsion de bienveillance et de grandeur en faveur de sujets issus du sang anglais.

L'acte de cette reconnaissance fut consenti par toutes les puissances belligérantes. Voilà ce qui constitue l'indépendance d'une colonie : jusques-là, elle n'est que rebelle. Les Anglais et les Américains formèrent deux peuples : leurs intérêts changeant de nature, changèrent également leurs sentimens.

Il y a loin de la nature de ces événemens, de leurs causes et de leurs résultats, à ceux de Saint-Domingue. Il n'est pas nécessaire de les faire remarquer.

Le sort de cette colonie, tel qu'il existe, n'est pas le fruit d'une longue et profonde préméditation. Il est celui de la provocation par une injuste agression.

Sa population, abandonnée à elle-même pendant quinze ans, depuis l'évacuation de l'armée employée à la subjuguer, a pu et a dû pourvoir aux moyens de se gouverner afin d'éviter le désordre et des maux plus grands. Les circonstances sont tout fait en sa faveur.

Aussi, remarque-t-on que cette révolution qui, au milieu de colonies européennes, place le diadême sur la tête d'un noir, et qui, sur un autre point de la même colonie, élève une tribune aux harangues, en faveur des droits de l'homme, paraît n'avoir rien eu d'inquiétant pour les Gouvernemens possédant des colonies à esclaves : et si aucun d'eux ne reconnaît ostensiblement ceux formés à Saint-Domingue, leur pavillon a, néanmoins, la faculté d'y naviguer.

Mais le commerce est étranger aux ressorts de la politique. Il va partout. Il ne faut peut-être voir, dans sa fréquentation avec la colonie, aucun autre motif que celui de l'intérêt. Sans doute il s'en éloignerait entièrement, si cela était utile, et si la cour de France, en faisait la demande, comme conforme à l'amitié et à l'union intime qui la lient à toutes les puissances maritimes. Car elles sont passibles des mêmes événemens dont celui-ci les menace. Elles se doivent, réciproquement, assistance dans une telle circonstance. En maintenant les droits de l'une, elles donnent une nouvelle garantie à ceux qui leur sont personnels.

La souveraineté d'une nation sur une colonie ne peut se perdre et s'aliéner que de deux manières : ou par des traités qui en stipulent l'abandon et relèvent les sujets du serment de fidélité, ou par des actes particuliers du souverain, qui peuvent modifier ou restreindre l'exercice de cette souveraineté, aux conditions qu'il impose.

Comme, relativement à Saint-Domingue, il n'existe ni traités connus, qui aliènent cette possession, ni actes du Gouvernement français qui aient modifié ou restreint son pouvoir, il conserve sur cette colonie la plénitude de sa souveraineté.

Le prétendu trône qui s'y est élevé d'un côté, et la présidence consulaire de l'autre, sont des édifices bâtis sur le sable; et, pour mieux dire, ce ne sont que des fictions politiques.

Sans doute une armée a échoué à Saint-Domingue, mais tout concourait à ce revers : elle était commandée par des chefs inhabiles et divisés : elle avait pour objet de retirer à ceux qui avaient bien servi, les avantages et les honneurs dont ils jouissaient; elle devait enchaîner les autres.

Il ne faudrait pas conclure de ce désastre, qu'un autre, qui aurait pour instruction d'éviter les mêmes fautes, les mêmes excès et la même tyrannie, eût le même sort.

Il faut encore moins que ceux qui tiennent de ces événemens l'autorité à Saint Domingue, se prévalent des embarras momentanés où se trouve la France. L'union du peuple avec son Roi les fait spontanément cesser. L'on a vu des nations se relever de plus bas, et monter plus haut qu'elles ne s'étaient d'abord élevées. D'ailleurs, jamais elles n'abandonnent que ce qu'elles veulent sacrifier à leur repos. Elles sont toujours mineures quand elles perdent. C'est le droit qu'elles font valoir lorsque l'occasion se présente.

Ainsi, ce qui prolonge l'existence de l'usurpation du pouvoir à Saint-Domingue, dépend de plusieurs causes.

D'abord, la principale tire sa source de l'équité. La population de cette île a été injustement et impolitiquement attaquée. Sa résistance peut être excusée, puisque le dernier Gouvernement, contre lequel elle agissait, n'a pas réclamé. C'est le premier peuple qui ait essayé de se soustraire à son pouvoir.

Depuis la restauration, il n'a rien été entrepris pour ramener cette population à l'obéissance dû Gouvernement royal. On ne peut mettre au nombre des démarches utiles, l'envoi de trois commissaires inconnus en France et à Saint-Domingue, ni celui de tous ceux au même titre, qui les suivront.

La population de Saint-Domingue, se considère, depuis vingt-quatre ans, comme composée d'hommes, et non d'esclaves; depuis quinze ans, elle est régie comme un peuple séparé, qui a ses lois particulières et son gouvernement. Elle sait la force et la confiance que comporte une négociation par commissaires. Sous le prétexte que c'est un préalable pour connaître ses vœux, elle croit apercevoir un piége pour la tromper. Elle exige moins de soins, mais elle veut plus de garanties, et des garanties publiques, émanées du Roi. Jusques-là, c'est embrouiller l'affaire, et non la décider.

Cette disposition nécessaire, la seule utile, n'a pas été prise; par conséquent, il n'y a point encore de rebellion envers le Gouvernement légitime.

Enfin la modération, la sagesse et l'humanité du Roi n'ont pas permis et ont défendu d'employer jusqu'ici des moyens répressifs et de force. Beaucoup lui ont été présentés : il les a tous rejetés.

Le Roi ne peut penser et agir comme ces propriétaires qui, ayant une maison dont on leur enlève et le titre et la jouissance, préfèrent y mettre le feu, et qui s'en privent pour en priver les détenteurs : non-seulement parce qu'il arrive que les voisins accourent pour y porter des secours et éteindre l'incendie, et les détenteurs alors la conservent; mais, par une raison supérieure à cette crainte, qui se fait seule entendre au cœur des bons rois, celle qu'il faut gagner les peuples par la douceur et non par la violence. Cette conquête est la plus douce : elle ne coûte ni regrets, ni larmes, ni sang, et ses bienfaits éternisent la gloire du bienfaiteur.

Comme nous l'avons observé, il est certain que Saint-Domingue ne peut résister aux forces de la France, que cette colonie succomberait infailliblement. C'est le nœud coupé.

Mais après le succès, qu'y trouverait-on? des cadavres et des cendres : c'est une triste conquête. Il n'y a plus moyen de réparer les pertes. L'abolition de la traite y met un obstacle invincible.

Au moins, avant d'en venir là, faut-il prendre les précautions prescrites par la sagesse et la justice.

Si on n'a pas perdu de vue ce qui a été dit au chapitre qui traite cette question, on se convaincra, de nouveau, que cette abolition entraîne nécessairement l'établissement d'un nouveau régime colonial dans les deux Indes, notamment à Saint-Domingue : et que c'est l'unique moyen auquel il faut s'attacher pour dénouer le nœud.

Ce fut sous le ministère de feu M. Malouet, qu'il fut envoyé trois commissaires à Saint-Domingue. Mais ce ministre, d'ailleurs habile, pouvait exciter quelque inquiétude aux gens de ce pays, auxquels, dans un autre temps, il s'était montré si contraire.

Dans des négociations de cette importance, il est essentiel que l'organe qui porte des paroles de paix et de conciliation, soit agréable, et qu'il inspire la confiance à ceux que l'on veut persuader.

Son successeur, M. le comte Beugnot, dégagé des préjugés et de cette routine servile, que les hommes conservent plus par habitude que par principes raisonnés, avait, dit-on, jeté les bases d'une réconciliation praticable à cette époque, et méditée en homme d'état. Les événemens du 20 mars renversèrent les espérances que ce ministre pouvait offrir.

M. le vicomte Dubouchage, ministre actuel, dont la vieille expérience s'unit à la sagesse, a, sur M. Malouet, l'avantage d'être resté neutre sur cette question, et sur les principes qui doivent la fixer. Il s'en est sans doute occupé. Quoique rien n'ait transpiré à cet égard, il faut espérer que, par ses soins et l'issue de ses démarches, il aura préparé la colonie à accueillir des mesures qui concilient ses intérêts et ceux de la métropole. C'est une conquête aujourd'hui réservée à ce ministère. Elle offre une gloire assez grande pour qu'il ambitionne d'y attacher son nom.

CHAPITRE XXVII.

Des propriétés tenues à ferme, et des cultivateurs, autrefois considérés comme immeubles et faisant partie des biens-fonds.

CETTE question, quoique liée à celle de l'usurpation du pouvoir, a des rapports, néanmoins, très-indépendans.

On peut usurper l'autorité publique, et respecter la propriété privée. Mais presque toujours l'envahissement de l'une est la suite de l'autre. Les Gouvernemens réguliers sont seuls exempts de se livrer à ce moyen. Ils n'ont pas besoin du déplacement des propriétaires pour se former un appui des nouveaux possesseurs. Et telles sont les maximes de sagesse qui en sont la base, qu'ils regardent tout déplacement de cette nature comme une vraie calamité publique, à quelque titre qu'il puisse s'opérer, même à titre de restitution.

Ces maximes ne sont pas applicables à Saint-Domingue.

Les renseignemens que nous avons donnés sur le mode qui a été suivi dans la colonie, à l'égard des propriétés, laissent les propriétaires dans tous leurs droits.

Il ne s'y est opéré aucun acte de vente public, légal ou illégal. Les terres et autres propriétés sont tenues, simplement, à titre de ferme, pour un temps limité, moyennant une redevance fixe en argent.

A l'expiration des baux, la proprieté rentre dans les mains du légitime possesseur, sauf à celui-ci à tenir compte au fermier des constructions, réparations, etc., sur estimation, qui ont pu être faites par le teneur à bail. C'est ce qui a été arrêté par le réglement de l'autorité française, concernant ces affermages.

Il paraît qu'il n'a rien été changé depuis à ce réglement, qui est encore suivi. Seulement, le prix en argent des baux, au lieu d'être versé dans les caisses françaises, forme une partie principale des revenus des gouvernemens du pays (1).

Ainsi, en restituant ces biens, il n'y a point de

(1) Une circonstance essentielle n'a peut-être pas été assez remarquée dans le grand changement survenu à Saint-Domingue, et nous la transmettons à la Chambre des Pairs, telle qu'elle nous est parvenue. Ceux qui exercent dans cette île l'autorité publique, qui y font les lois, qui disposent de tout, qui distribuent le travail et en répartissent les produits, n'ont point jusqu'à ce jour disposé légalement de la propriété foncière. Ils perçoivent le revenu; ils l'afferment. Ils vendent même davance celui de beaucoup d'années. Mais aucune habitation (du moins on le dit généralement) n'est vendue à perpétuité. (*Rapport de M. le comte Barbé-Marbois à la Chambre des Pairs, séance du 18 octobre 1814.*)

restitution à faire de leur valeur montant du prix de la vente ; et comme le produit des baux est à peu près égal à la fixation en argent qui serait exigée pour contributions foncières, si elles étaient établies, ces gouvernemens n'ont rien à perdre par la restitution.

Le fermier seul pourrait se plaindre d'être obligé de renoncer aux bénéfices considérables qu'il fait sur sa ferme, et de ne plus avoir à la regarder comme sa chose propre.

Mais comme ce fermier, depuis longues années, accumule ses bénéfices, il aura moins de répugnance à cet acte de justice. On doit ajouter, qu'au moyen des bénéfices déjà opérés, il serait en état de faire l'acquisition des terres qu'il cultive à titre de ferme, et d'en payer comptant la valeur au propriétaire. Il jouirait en paix, s'affranchirait de cette espèce de servage attaché au système actuel, qui jette déjà des racines d'une nouvelle féodalité plus intolérable que celle existante autrefois en Europe.

Il y a plus : il n'y a de riches que ces fermiers ; il n'y a qu'eux qui aient les moyens d'acquérir, comme il n'y a qu'eux qui puissent aujourd'hui cultiver ces terres, et soumettre les cultivateurs à l'obéissance.

Les propriétés ont été pour ainsi dire régies

comme les biens de mineurs absens, auxquels il aurait été nommé des tuteurs d'office, qui désirent conserver la gestion aussi long-temps que possible.

Mais il faut détruire les préjugés à cet égard, éclaircir tous les doutes qui serviraient de prétexte pour favoriser des prétentions injustes.

A cet égard, il se présente la question imporportante de savoir : si le droit de propriété, reconnu incontestable, s'étend à celui des cultivateurs qui, autrefois, étant considérés comme immeubles, faisaient partie de la propriété des terres.

Cette question a été résolue négativement par des lois positives de la France sur l'état des personnes. Mais on a voulu y revenir, soit indirectement, soit par la force. L'on craindrait toujours les mêmes conséquences si elle restait indécise. Cette crainte sera constamment l'écueil de toutes les mesures, comme l'une des causes principales de l'éloignement qui s'est manifesté pour la réintégration des propriétaires, plus particulièrement encore depuis la fatale expédition.

Pour bien saisir et entendre cette question, il faut considérer que de grands changemens se sont introduits depuis un quart de siècle dans le code de législation concernant la propriété à Saint-Domingue ; que de plus grands encore se découvrent dans ce fait, dans les choses et dans les personnes.

Si les terres ont été immobiles, les esclaves ont été continuellement agités et déplacés. Un grand nombre porte les armes : les uns ont été poussés du Nord au Sud, d'autres du Sud vers le Nord. Ni les recrutemens provenant du dehors, ni les naissances, ni les décès, pendant cette longue période de temps, n'ont été constatés. Une confusion épouvantable règne dans cette partie composant autrefois l'immeuble. Comment y démêler la propriété ? à quel signe la reconnaître ?

Ces esclaves ont, depuis le même temps, passé au rang d'hommes et sont traités comme des laboureurs : sortis de ce genre de servitude, ils cessent d'être des immeubles dont on peut disposer. Ils cultivent à la condition d'être participant dans les produits des terres, qu'ils ne peuvent abandonner, néanmoins, sans le consentement du propriétaire ou un ordre du juge civil. La conservation de ces avantages est tout pour eux : elle devient en même temps une garantie nouvelle des droits des propriétaires sur leurs terres. Aussi, prétendre étendre la propriété des biens-fonds à celles des cultivateurs, c'est évidemment vouloir renoncer à l'une et à l'autre : toute restriction, même mentale, dans ce système général, serait une monstruosité politique. Elle détruirait jusqu'à l'espérance certaine du bien qu'on peut obtenir d'une décision formelle et irrévocable. Les deux armées et leurs chefs, et généralement tous ceux exerçant des emplois et de l'influence dans le pays, sont intéressés à cette décision, dont l'effet assure les premiers avantages à la France, pour la suite de ses opérations.

Aux principes d'équité, que nous avons établis en faveur des propriétaires, se joignent ceux de droit public qui régissent toutes les sociétés et toutes les nations civilisées.

En vain les détenteurs s'obstineraient-ils à regarder ces propriétaires comme leurs ennemis naturels, qui, ayant des préjugés invincibles, auxquels ils attachent peut-être plus d'importance qu'à leurs fortunes, saisiraient toutes les occasions de les faire renaître, et élevant de nouveaux troubles à ce sujet, exposeraient le pays à des dangers toujours nouveaux.

Bien que ces craintes puissent être fondées jusqu'à un certain point, il ne s'ensuit pas qu'elles soient de nature à autoriser le dépouillement des propriétaires. On ne verrait, par-là, qu'un prétexte d'autant plus odieux qu'il n'aurait pour objet que de garantir la spoliation. Car, quels sont les maux que n'efface pas le temps! Quels sont les préjugés assez forts pour résister à l'expérience des malheurs qu'ils ont occasionnés!

Après d'affreuses et longues guerres civiles, la propriété est maintenue au possesseur qui l'a acquise, parce que son titre repose sur la foi publique, qu'il est irrévocable, et que les Gouvernemens sages et prudens doivent, par-dessus tout, prévenir la renaissance des troubles et éloigner des réactions encore plus funestes. Mais ici, cette exception politique et légale est sans application. La propriété est simplement en dépôt : elle n'a pas été vendue. Elle reste non-seulement la chose du possesseur, mais encore l'hypothèque des créances qui y sont affectées. Celles-là ont toujours été respectées, quelles que soient les mutations de propriétaires.

Pour citer un exemple qui ait quelque rapport avec la question que nous examinons, nous prendrons celui que présente la guerre des États-Unis avec l'Angleterre.

Dans cette lutte, qui ne fut ni moins vive, ni moins opiniâtre que celle soutenue à Saint-Domingue entre ceux qui réclamaient des droits et ceux qui les refusaient, les Américains n'ont-ils pas rendus, à la paix, les propriétés des Anglais qu'ils avaient séquestrées, comme les Anglais celles appartenant à des Américains ?

Aussi, soit que cette colonie reste provisoirement dans l'état actuel, soit qu'elle rentre sous la domination de la France, par soumission, ou qu'il lui soit accordé des concessions, les possesseurs de biens-fonds à Saint-Domingue se trouvent dans une catégorie particulière et favorable.

En invoquant les principes de la morale, de la justice et du droit public, et en rappelant des circonstances récentes où ils ont été suivis, dans une situation à peu près semblable, nous nous flattons de l'espoir de faire quelque impression sur l'esprit de la population de Saint-Domingue, qui ne se rendra pas indigne d'entendre ce langage, et particulièrement sur celui des chefs qui la commandent. Il est à croire qu'ils se montreront sensibles à l'honneur et à l'opinion, qui a une action si puissante sur ceux qui gouvernent, et de laquelle ils ne peuvent s'écarter sans danger.

On ne doit pas soupçonner, jusqu'à ce que l'épreuve en ait été faite, que cet honneur, dont l'empire s'exerce plus ou moins sensiblement sur toutes les âmes, n'ait aucune prise sur celles-ci. Ce serait une erreur dangereuse. C'est par ce sentiment qu'on conduit les hommes : il faudrait le créer s'il n'existait pas. Il n'y a aucun danger d'en jeter et cultiver le germe au lieu de l'étouffer. La lumière a besoin d'être répandue et d'être dirigée de manière à ce qu'elle puisse éclairer et frapper ceux mêmes qui en sont le plus éloignés.

En effet, ranger des individus dans des opinions qu'ils n'ont pas: les flétrir par des vices dont ils sont exempts, on les force souvent à partager les premières et à moins s'écarter des autres : ils s'estiment moins. Qu'ont-ils à ménager, si l'injustice les accable ? Tandis que si on leur suppose des qualités dont ils seraient privés peut-être, on les oblige quelquefois à les acquérir et à les manifester si l'occasion se présente.

Indépendamment de la base fondamentale que nous avons posée par la définition et la séparation nécessaire de la propriété des biens-fonds, proprement dits, avec celle des cultivateurs, il est encore, sans doute, des précautions à prendre pour éloigner le danger du renouvellement des troubles par la réintégration des propriétaires. Il faut plus : il faut encore ménager, avec les intérêts de tous, l'amour propre de chacun en particulier, ce qui n'est pas le point le moins délicat, ni le moins difficile: par conséquent notre tâche n'est pas encore remplie.

Mais l'objet en lui-même est si grand, si important pour la France, qu'une amélioration dans la situation actuelle des choses serait la plus douce récompense à recueillir pour celui qui l'aurait préparée en y consacrant ses veilles et son expérience; si, toutefois, les hommes sont susceptibles de conserver la mémoire du bien qu'ils ont reçu, alors même qu'ils n'ont rien à attendre de son crédit.

On aperçoit peut-être déjà quelques espérances par des accommodemens appropriés aux circonstances, et par des modifications essentielles dans les nouveaux rapports à fixer avec Saint-Domingue, tandis qu'on touche avec le doigt le mal irréparable de répandre inutilement le sang par la force, et même par toute autre voie que par une ratification de droits déjà reconnus.

CHAPITRE XXVIII.

Suite du précédent.

Nous appuierons notre opinion, qui est fondée sur la connaissance acquise des passions qui distinguent les hommes que l'on désire rattacher aux intérêts de l'État, de celle émise en comité secret de la Chambre des Députés (1).

Comme les principes qui y sont développés, furent partagés par l'assemblée, et qu'ils prévalurent, nous les reproduirons à la suite de cet ouvrage, dans leur ensemble, par la crainte de les affaiblir, en ne citant de cette opinion que des phrases isolées.

La sagesse et l'autorité du Roi sanctionnèrent cet avis. Des ordres étaient déjà donnés; un armement se préparait; le gouverneur de Saint-Domingue paraissait être désigné : tout fut suspendu. Le Roi voulut être plus instruit de l'état des choses avant de prendre aucun parti sur les différentes mesures arrêtées. Elles furent par ce moyen ajournées : les choses en sont restées là.

(1) M. Félix Faulcon. Séance du 20 novembre 1814.

Cet ajournement est devenu, en quelque sorte, indéfini : il doit être regardé comme autorisant de nouvelles propositions, plus conformes aux vues pacifiques du Gouvernement. Il nous oblige d'examiner celles qui furent, à cette époque, présentées, ou par des personnes revêtues d'autorité, ou dans des ouvrages publics, afin de pouvoir les comparer avec le système que nous présentons.

CHAPITRE XXIX.

Des propositions faites, en 1814, pour recouvrer la colonie de Saint-Domingue.

MALGRÉ ce qu'une trop fatale expérience avait appris; malgré les erreurs reconnues dans lesquelles on était précédemment tombé, et malgré ce qu'indiquaient tant d'événemens récens, qui se liaient à la situation politique de Saint-Domingue, on partait toujours de ce principe, plus ou moins modifié, qu'on pouvait rentrer en possession de cette colonie, et y rétablir un régime à peu près semblable à celui existant avant la révolution. Savoir :

Par la promesse de quelques modifications à l'état des personnes, pour le rendre moins rigoureux;

Par des concessions honorifiques en faveur de plusieurs chefs, sans en désigner la nature et sans les fixer authentiquement;

Et enfin par l'envoi de forces de terre et de mer pour appuyer ces dispositions, et par conséquent en rouvrant la carrière des combats.

Ce qui a été dit déjà, dans cet ouvrage, démontre l'insuffisance de ces moyens. Ils auraient pu être employés dans d'autres temps ; mais ces temps sont loin de nous. Buonaparte les a mis en usage : on ne sait que trop à quels désastres ils ont conduit. Cependant il ne ménageait pas les ressources en hommes et en argent, qui, à cette époque, paraissaient être inépuisables.

D'autres personnes, trompées sans doute par des illusions bien excusables, ont cru voir la possibilité d'entraîner Pétion dans leurs vues, et en joignant des troupes aux siennes, de contraindre Henri à suivre cet exemple ou de soumettre, par la force, la partie du territoire qu'il gouverne.

Mais se flatter d'opérer de cette manière une diversion favorable aux affaires, est une erreur matérielle : ce n'est pas connaître assez la situation des hommes et celle des choses.

Le corps commandé par Pétion n'est composé que de noirs, ayant pour officiers des hommes de couleur. Ce corps maintient les cultivateurs : les uns et les autres restent attachés aux hommes de couleur tant que ceux-ci le seront aux noirs, parce qu'il regardent leur cause commune et leur sort inséparable : mais au moindre signe de séparation, les hommes de couleur seraient perdus.

Cette hypothèse n'est point hasardée : les événemens antérieurs ne la rendent que trop fondée et les effets trop à craindre. Ou bien ils promettront, ils ne tiendront rien : leur situation les dispense de cette obligation.

Dans plus d'une occasion on détacha des corps entiers de noirs de cette association.

Cette même armée colombienne ouvrit à Toussaint l'entrée de ce territoire qui était alors sous le commandement de Rigaud, non moins prépondérant que peut l'être aujourd'hui Pétion. Il soumit, ainsi que nous l'avons dit, cette contrée à son gouvernement.

Enfin les noirs, dans l'événement des Cayes que nous avons rapporté, passèrent successivement et alternativement, avant et au milieu des désordres et des combats, du commandant en chef aux délégués, et des délégués au commandant en chef, et les délégués en retinrent un grand nombre qui fut inébranlable à la cause française.

Mais la population des hommes de couleur, comme celle des noirs, a des intérêts plus grands que ceux dépendant d'un accord insignifiant : elles exigent des cessions positives, absolues.

Les chefs des uns et des autres désirent, sans doute, que le pouvoir dont ils jouissent soit moins incertain et plus affermi. Ce pouvoir a un si grand attrait pour eux qu'ils y tiennent plus qu'à la vie. Mais s'ils étaient seulement soupçonnés de se laisser gagner par le sacrifice des intérêts de tous, ils seraient bientôt remplacés, ce serait le moindre des maux qui pût leur arriver. Cette tentative n'est pas praticable.

Des concessions de droits leur avaient été faites; elles ont ensuite été révoquées. On ne peut remédier à ces tergiversations absurdes, impolitiques que par un acte public, ostensible du Roi, qui inspire la confiance. Cette population sachant par tradition, le respect de la terre pour cette antique dynastie, et jusqu'à quel point les Souverains, qui en sortent, observent religieusement leurs promesses et les actes qu'ils consentent.

CHAPITRE XXX.

Danger d'adopter des mesures partielles.

Pétion a besoin d'une grande prudence pour contenir l'armée sous ses ordres. Il se doit, d'ailleurs, à la conservation des siens, qui ont formé un conseil, espèce de comité de salut public, dont la surveillance est non-seulement très-active, mais très-soupçonneuse.

Ainsi, son autorité, telle grande qu'elle soit, est cependant limitée à ce degré, qu'il ne peut rien faire sans le concours du conseil et de son armée.

D'ailleurs quel serait le but de ces démarches isolées? Que se proposeraient les hommes de couleur en les secondant?

Quels avantages personnels leur assure-t-on? Leur conserve-t-on le pouvoir, l'autorité? Leur conserve-t-on la même influence et les propriétés qu'ils exploitent? Sans cela il n'en faut rien attendre? Et si on leur donne ce qu'ils veulent garder, autant vaut-il étendre la mesure en faveur des noirs, et la rendre générale?

Seront-ils moins avilis que par le passé? moins

en butte aux reproches et aux préjugés des propriétaires, contre lesquels ils se sont soulevés si souvent et avec tant de violence, ce qui a provoqué cette épouvantable révolution ?

Quels sont les droits qu'on leur a réservés pour rendre leur condition meilleure, pour balancer les sacrifices qu'ils s'imposeraient aujourd'hui, pour leur servir d'égide contre les mêmes vicissitudes qu'ils ont éprouvées ?

Mais enfin on suppose que ces intérêts majeurs ont été réglés ; on suppose les hommes de couleur dans des dispositions aussi favorables qu'on le peut désirer : sont-ils assez les maîtres et assez forts pour prendre un parti indépendant des noirs, qui forment la masse de la population dans cette partie de la colonie, et qui constitue la force sur laquelle repose leur sûreté ? Car, malgré l'adroite politique des hommes de couleur à caresser, pour subjuguer, ces nombreux et puissans auxiliaires, il s'est élevé parmi ceux-ci, comme dans le Nord, des hommes influens, ambitieux, qui connaissent et leurs droits, et leurs forces, et la faiblesse de leurs rivaux. Il existe même des divisions parmi les hommes de couleur (1).

Néanmoins ces obstacles sont levés ; nous en lèverons un autre bien plus grand encore. Nous

(1) Borgella, commandant à Jérémie, est tout à fait indépendant de Pétion. Sa position le rend inexpugnable.

supposons l'abandon fait, sans réserve, du commandement et de l'autorité par ceux qui l'exercent. Nous supposons le nouveau gouverneur reçu, et son installation avec des troupes françaises. Enfin cette révolution morale consommée dans cette partie du territoire. Ce serait beaucoup, sans doute; mais ce ne serait encore qu'un faible succès. Il reste à combattre Christophe. Ici, on retombe dans d'épouvantables malheurs, que la sagesse veut éviter, et que l'humanité en pleurs vient supplier de prévenir.

Il arriverait, comme on l'a vu plus d'une fois, des défections, trop ordinaires dans ce pays, se succéder les unes aux autres; de nouveaux partis s'élever et se croiser; les opérations les mieux combinées échouer; les troupes françaises ayant à supporter tout le poids des résistances, et de la part des ennemis, et de celle des nouveaux alliés, dont les dispositions pourraient changer par des succès comme par des revers. Dans cette confusion, et entourées de ruines, quel parti leur resterait-il à prendre? Quel serait, de nouveau, le sort des propriétaires repassés dans l'île, sur des espérances aussi incertaines, pour mieux dire, aussi trompeuses?

Encore, pour en venir là, combien de sacrifices n'avons-nous pas arrachés à l'amour propre, à l'intérêt, à l'ambition? Combien de craintes n'avons-nous pas dissipées? Combien d'assurances pour l'avenir n'avons-nous pas données? Toutes choses qui restent à faire, et qu'il est impossible de réaliser sans le concours puissant du temps, amené par la sagesse et par la justice.

Ces alarmes dont nous sommes pénétrés ne paraîtront point exagérées à ceux qui ont été les témoins des événemens dans la colonie depuis le commencement de la révolution. Ils se composent, en général, des mêmes élémens et des mêmes causes que nous venons d'esquisser, et dont les résultats ne seraient que de nouveaux malheurs, plus affreux que les précédens. Ce n'est donc pas de ce côté qu'il faut tourner ses regards.

On ne peut pas davantage les fixer du côté de Henri. Il y aurait cependant des probabilités plus certaines de succès, et moins de dangers à craindre, surtout en consolidant, préalablement, l'état politique des personnes.

La rive gauche de l'Artibonite, ou la partie colombienne, contenue par le seul ascendant de la protection de la France, accordée à ce Gouvernement, entraînerait l'armée noire qui la défend, et les hommes de couleur seraient forcés de suivre cette impulsion.

Mais, indépendamment que de semblables moyens de s'attacher à une caste pour écraser l'autre, ne conviennent pas à la loyauté du Gouvernement royal, on n'aperçoit d'autre résultat, en les prenant, que d'agrandir la puissance de l'un au détriment de l'autre, en opposition aux intérêts bien entendus de la France.

Il faudrait que la France agît avec des troupes, et aucun des deux n'en recevrait. Ces chefs conçoivent, parfaitement, que si elles étaient en force, ils cesseraient d'être les maîtres. Par conséquent, il serait plus qu'impolitique, dans le cas contraire, d'en faire passer, pour rendre les troupes royales auxiliaires de celles de ses sujets, ou d'instrumens pour servir l'ambition et les ressentimens de l'un ou l'autre parti.

Il y aurait plus : ce ne serait qu'en vertu de conventions que ce concours pourrait avoir lieu. Sans doute un gouvernement paternel n'abaisse point sa dignité en descendant à des sacrifices en faveur de ses sujets, dans un but utile et en vue d'éviter l'effusion du sang. Au contraire, il en relève l'éclat, et acquiert de nouveaux droits à leur amour et à l'admiration publique. Mais il lui faut des garanties : ici on n'en trouve aucunes. S'il doit être généreux, sa générosité doit avoir un but, et ne rien exposer au hasard.

On doit toujours avoir présent, que l'expédition a perdu toutes les affaires. Sa défection, le trop long silence de la métropole, ou plutôt l'abandon d'aussi grands intérêts, ont, forcément, substitué de nouveaux rapports aux anciens.

La colonie, en rompant, au commencement du renouvellement de la guerre, les liens de dépendance du Gouvernement de Buonaparte, prit un parti qui l'attacha indirectement à la cause générale de l'Europe : elle produisit une diversion qui lui fut favorable.

Le Gouvernement français perdait la plus belle possession, les moyens qu'elle lui offrait de troubler l'ennemi, et l'un des plus beaux fleurons de la couronne, qu'aucune conquête sur le continent ne pouvait dédommager. Il devenait inutile aux Anglais d'employer des forces dans cette partie, qui, auparavant, l'inquiétait autant : ils eurent la faculté de les diriger sur les autres colonies françaises, dont ils se rendirent maîtres avec des bataillons de noirs, soutenus seulement de quelques troupes de ligne.

Le Gouvernement anglais, sans s'immiscer dans le mouvement relatif à Saint-Domingue, dut seulement le laisser s'opérer, et ne le pas contrarier. Cela explique de quelle manière, ainsi que nous l'avons vu plus haut dans cet ouvrage, se sont établies les deux formes de Gouvernement dans un système d'opposition, pour maintenir la balance entre les deux compétiteurs, et comment la colonie s'est enfin neutralisée par le concours du temps, des circonstances, et par le silence de la puissance anglaise. Cette puissance n'a vu et ne voit peut-être encore aucun inconvénient à laisser subsister cet état de choses, quoi qu'elle soit la partie la plus intéressée dans tout ce qui a rapport aux colonies, tant que ce pays, d'ailleurs, ne troublera pas les siennes. Au surplus, cette politique se concilie avec la situation présente des établissemens européens en Amérique, et l'abolition de la traite.

C'est en se plaçant à cette hauteur qu'on voit les choses telles qu'elles sont, et qu'on découvre toutes les chances contraires ou favorables que présentent les dispositions qu'on peut employer. C'est donc cette situation qu'il faut consulter pour en tirer le parti le moins désavantageux, ayant soin, encore, en pesant la rigueur des temps, de ne blesser aucun intérêt étranger.

CHAPITRE XXXI.

Observations générales sur les mesures à prendre.

Tant que Buonaparte aurait conservé le pouvoir en France, il est à présumer que le Gouvernement anglais se serait constamment opposé à ce qu'il pût rétablir son autorité à Saint-Domingue, quelque tentative qu'il eût faite dans ce dessein, et à quelque titre que ce fut.

C'était un chancre entretenu pour dévorer ses forces. La population de la colonie aurait préféré d'ailleurs, périr entière, et s'ensevelir sous ses ruines, à rentrer sous une domination qui se montra aussi injuste à son égard, et qui lui fit éprouver des maux aussi cruels qu'inattendus.

Mais ces obstacles n'existent plus. Le renversement de Buonaparte les a détruits. Le Gouvernement de France est rentré dans l'auguste maison des Bourbons. Rappelée au trône pour réparer tant de malheurs, et reconcilier la nation avec tous les peuples : elle met son bonheur à en effacer jusqu'au souvenir. La haine doit cesser avec les circonstances qui l'ont fait naître, et faire place à des sentimens plus doux.

L'union qui règne aujourd'hui entre les Gouvernemens de France et d'Angleterre a changé la politique des deux États : elle a établi des rapprochemens intimes qui donnent l'espoir de les voir resserrer encore, en renonçant l'un et l'autre à d'anciennes animosités qui firent répandre tant de sang, et causèrent tant de fois l'embrasement du Monde. Les deux nations, faites pour s'estimer, n'ont plus qu'à s'entendre pour être deux amies utiles et inséparables. Mais lorsque toutes deux sont également jalouses de leur indépendance, lorsqu'elles honorent, en soi, ce sentiment qui fait leur commune gloire, ne devraient-elles pas se protéger mutuellement, au lieu de chercher à se nuire ; ou plutôt un intérêt bien entendu, stimulé par la générosité, ne devrait-il pas porter la plus heureuse à aider celle sur laquelle pèsent déjà tant de circonstances pénibles ?

La puissance de la France n'est pas sans utilité pour l'Angleterre : elle peut le devenir davantage encore.

Ces réflexions nous portent à croire que le cabinet anglais ne verrait plus avec la même inquiétude la France se rapprocher de Saint-Domingue, par des ménagemens qui auraient plus directement pour objet, l'intérêt de son commerce et les progrès de la civilisation, que le rétablissement de sa puissance maritime, qui n'est plus aujourd'hui qu'un objet extrêmement secondaire pour la France, à qui il ne reste qu'un seul port en Amérique pour y recevoir des vaisseaux de haut-bord (1).

D'un autre côté, la population de cette colonie, dont l'existence politique est incertaine jusqu'à ce qu'elle soit fixée par son souverain légitime, négligera-t-elle de saisir cette occasion de l'affermir ? Rejettera-t-elle ses bienfaits ?

Disputera-t-elle la souveraineté de cette colonie aux descendans de Saint-Louis, qui la possèdent sans interruption depuis son établissement ?

Oubliera-t-elle que le grand Roi, prédécesseur de Louis XVIII, manifesta le désir d'adoucir l'esclavage, et celui de préparer les voies à le faire successivement disparaître, et sans commotion ?

Oubliera-t-elle que la nation accomplît ce vœu au préjudice de ses intérêts, en s'écartant, malheureusement trop, d'aussi sages instructions ? Que c'est elle qui lui confia les armes qui ont servi à sa défense ? Les tournera-t-elle, mainte-

(1) Le Fort-Royal, dans l'île de la Martinique, très-facile à bloquer par l'île de Sainte-Lucie, cédée aux Anglais, ne peut tout au plus recevoir que huit ou dix vaisseaux pendant l'hivernage, c'est-à-dire, quatre mois de l'année.

nant, contre elle et son Roi, unis aujourd'hui, et pour jamais, et étrangers à ce qui a été fait par Buonaparte ?

Cette population serait-elle assez peu éclairée pour ne pas juger que ce que la politique a pu tolérer, dans un temps, la politique peut changer et vouloir autre chose dans un autre : que les intérêts qui ne sont soutenus que par elle, n'ont qu'un bien faible appui, qui est variable au gré des circonstances ?

Si cette population est susceptible de se laisser toucher par le sentiment de son propre intérêt : si elle a conservé une portion de cet attachement de prédilection pour la France qu'elle aimait par inclination, par devoir, par reconnaissance, dont elle tire son langage et ses mœurs, les considérations que nous avons exposées doivent produire quelque sensation sur son esprit : elles doivent en produire une plus grande sur celui des chefs, s'ils ajoutent à ces dernières, que la France est la seule nation qui les a tirés de l'abjection, qui est, partout encore ailleurs, le partage de leur caste ; qu'elle les a distingués et honorés par les grades auxquels elle les a élevés, et par la confiance qu'elle accordait à leur fidélité.

Qu'ils seraient l'objet d'un mépris universel si, en raison des malheurs de cette même nation, auxquels ils ont concouru, ils se croyaient dispensés envers elle de toute soumission, et éloignaient tout rapprochement.

Ces chefs jugeront que ce qu'on exige d'eux leur est essentiellement avantageux, et que, sans presque rien toucher à leur état présent, le Roi leur en assurerait la paisible jouissance, à certaines conditions également utiles, sans doute, à la nation qu'il gouverne, mais qui sont loin de compenser les sacrifices qu'il fait.

CHAPITRE XXXII.

Résumé.

Le Gouvernement français, guidé par des principes de sagesse et d'humanité, veut et doit éviter l'emploi des armes pour se rétablir à Saint-Domingue : d'un autre côté, tout lui commande de ressaisir ses droits sur cette possession pour l'avantage de son commerce.

Nous croyons avoir suffisamment fait juger que ce serait contre les règles de la prudence, de favoriser un parti pour faire la guerre à l'autre, qu'on est certain de s'égarer en prenant cette route.

On a dû voir par quel enchaînement de circonstances la colonie est arrivée à cette espèce de neutralité, tacitement reconnue, dont elle est en possession depuis longues années ? Comment le pouvoir y a été divisé en deux parties ou formes de Gouvernement, opposées, afin d'en prévenir l'unité, et, par là, les dangers.

On se sera convaincu qu'ayant laissé s'introduire une aussi étrange politique en Amérique, subversive de tous les principes coloniaux, l'ancien système sappé, par là, jusques dans ses bases, et plus avant encore par l'abolition de la traite, doit nécessairement s'écrouler et disparaître : qu'il est temps d'en substituer un autre et de suivre le mouvement général imprimé, qui, déjà, s'est fait sentir dans les colonies les plus puissantes.

Nous avons exposé que l'amour du pouvoir, du rang et des grades, a un empire absolu sur les chefs de Saint-Domingue, que le désir de la conservation des propriétés des absens s'unit à ce sentiment prédominant : que néanmoins l'appât des richesses offre moins de résistance, et qu'on peut le vaincre et désintéresser les détenteurs de ces propriétés, par des compensations en leur faveur, et en faveur de la masse de la population.

Nous avons considéré, que si le Gouvernement consentait à accorder des concessions nécessaires, elles doivent émaner spontanément de lui : qu'elles sont préférables à ces accords qui pourraient être faits, et qui, trop ordinairement, sont présumés n'avoir de durée qu'autant que l'une et l'autre partie ne trouvent pas l'occasion de les rompre.

Nous avons tiré la conséquence de ces données générales, que c'est au souverain à tracer, à fixer les avantages qu'il accorde : que celui qui a le droit de donner, a le droit d'établir les conditions qu'il exige à titre de reconnaissance.

Nous avons rappelé des principes connus, qu'un

souverain ne peut pas traiter avec une colonie en état de rebellion, comme avec un État indépendant: que si les circonstances l'obligent à lui faire des cessions, elles doivent toujours être limitées, à la condition expresse, *sine quâ non*, de reconnaître la souveraineté de laquelle relève la colonie, et de lui prêter foi et hommage: que le souverain, lui-même, ne pourrait consentir à cet abandon de ses droits, à moins qu'il ne fût obligatoire, étant convenu par des traités antérieurs, avec d'autres États.

Nous avons établi que les événemens de Saint-Domingue ont été provoqués par l'expédition faite contre cette colonie ; que le parti extrême auquel se sont abandonnés les sujets de toutes couleurs, habitans de l'île, a été l'effet du désespoir et du besoin de se soustraire au sort impitoyable dont ils étaient menacés.

Néanmoins, si l'on a vu, dans de telles circonstances, les motifs d'une légitime défense qui méritent quelque indulgence, dans aucun cas ils n'autorisent, ni ne peuvent justifier l'usurpation de la souveraineté sur cette île ; que cette usurpation peut moins encore être continuée, lorsque la cause a cessé, et dans un temps surtout où toutes les puissances de l'Europe viennent de consacrer le principe de la légitimité, qui est, en même temps, la gardienne des intérêts des familles particulières, comme de celles appelées à régner.

D'un autre côté, remontant aux causes et descendant aux conséquences qui pourraient résulter de dispositions ou hostiles, ou mixtes, nous essayerons de présenter un mode nouveau, afin de concilier les droits de la France sur la colonie de Saint-Domingue avec le besoin d'éviter l'effusion du sang, et de tarir la source des maux qui ont désolé les deux Mondes.

Excité par ce but louable, nous avons cherché dans les conseils d'une politique généreuse et franche, et appropriée aux changemens survenus dans le régime colonial, les moyens de rassurer les chefs du Gouvernement du pays, sur les intentions de la France, de sanctionner l'état politique des personnes, de rendre aux propriétaires leurs biens, d'y exercer une influence salutaire aux progrès des arts, des lumières, de la civilisation et de la religion, et de faire enfin concourir le commerce à ces bienfaits, comme l'agent et l'intermédiaire le plus utile, le plus indispensable au succès de cette importante opération.

CHAPITRE XXXIII.

Bases du système nouveau de colonisation pour Saint-Domingue.

Nous jetterons pour bases premières et essentielles du système à adopter pour Saint-Domingue, savoir :

1°. La souveraineté imprescriptible et inaliénable du Roi sur la colonie, par droit de propriété et de possession ;

2°. L'acte de soumission préalable et authentique, par les deux chefs de la colonie, comme relevant de la couronne de France et de son obéissance ;

3°. De prêter au Roi et à ses successeurs au trône, foi et hommage, entre les mains d'un commissaire délégué à cet effet, et de le faire renouveler, solennellement, en France par des députés ;

4°. De payer au trésor royal un tribut annuel. (La valeur en sera ultérieurement réglée.)

De payer en outre au Gouvernement une somme de soixante millions, dont les termes de paiement seront fixés, et les motifs expliqués plus loin.

IIe. BASE.

L'obligation exigée desdits deux Gouvernemens de recevoir, exclusivement, dans tous les ports de la colonie, les bâtimens de la compagnie de commerce, établie par un statut particulier et faisant suite au présent acte.

IIIe. BASE.

La mise en possession à ladite compagnie de commerce par les Gouvernemens de Saint-Domingue,

1°. De la ville et des forts du Môle Saint-Nicolas, des forts et de la ville de Saint-Louis, dans leur état d'armement actuel, comme ports pour y faire mouiller et réparer les bâtimens de la compagnie;

2°. Des îles de la Tortue et de la Gonave, pour servir de comptoir et de dépôt aux marchandises de ladite compagnie;

3°. D'une partie de territoire, qui serait déterminée, entre la Grande Rivière et celle de l'Artibonite, pour former une ligne de démarcation entre les deux Gouvernemens de la colonie. Elle deviendrait un point intermédiaire qui préviendrait à l'avenir toutes contestations entre eux.

IVe. BASE.

L'obligation imposée aux chefs desdits Gouvernemens,

1°. De faire mettre la compagnie de commerce, agissant au nom et pour le compte des propriétaires absens, en possession des terres et des maisons qui leur appartiennent, ou appartenant à à leurs ayant-causes et héritiers.

2°. D'employer leur autorité pour que les détenteurs desdites propriétés qui viendraient à en faire l'acquisition ou qui continueraient à les faire valoir à titre de ferme ou de loyer, en acquittent la valeur ou le prix convenu du fermage, aux conditions consenties, d'après un nouveau réglement qui en fixerait le mode.

V^e. BASE.

Au moyen de la reconnaissance pleine et entière des droits reconnus et réservés à la France, ainsi qu'ils ont été stipulés et garantis, et de l'exécution des dispositions qu'ils renferment, il serait accordé à la colonie de Saint-Domingue, à titre de concession,

1°. Le droit de se régir et administrer elle-même, et de faire les lois concernant son régime intérieur, sans que ni le Gouvernement de France, ni celui de la compagnie pussent s'y immiscer en aucune manière ;

2°. La division de la colonie en deux Gouvernemens, indépendans l'un de l'autre, serait maintenue ;

3°. Les deux chefs qui sont à la tête de ces Gouvernemens seraient reconnus sous la dénomination, l'un de *Gouvernement Haïtien*, l'autre de *Gouvernement Colombien*, de la partie française de Saint-Domingue ;

4°. La rivière de l'Artibonite fixerait définitivement les limites de ces Gouvernemens. La France garantirait ces limites ;

5°. L'état politique des personnes de toutes couleurs, habitant ladite colonie, serait ratifié ;

6°. Celles des personnes qui voudraient se fixer en France ou dans les comptoirs de la compagnie, jouiraient des mêmes avantages que les Français.

Nous estimons que dans les circonstances actuelles, ces dispositions générales doivent, forcément, opérer le rétablissement des relations commerciales et politiques de la France avec Saint-Domingue. Toute la population de cette colonie se réunirait aux avantages qu'elles lui assureraient.

Les motifs en ont été développés dans l'historique qui précède ; nous y avons ajouté des raisons péremptoires : nous les corroborerons par de nouvelles.

La création d'une compagnie jouissant du privilége exclusif du commerce avec cette île, est une des clefs principales de la voute de l'édifice projetté.

Comme cette compagnie doit avoir des rapports différens de ceux des autres compagnies qui ont existé, elle deviendra l'objet d'une discussion particulière, qui completțera cet ouvrage.

Si l'on compare les bases que nous avons posées avec l'ancien régime colonial de Saint-Domingue, elles présentent, au premier abord, des innovations aussi surprenantes qu'extraordinaires. Mais la surprise cesse bientôt, pour faire place à d'autres réflexions plus calmes, que fait naître la situation des choses : l'on jugera que ces innovations, loin de paraître aussi étranges, ne sont au contraire que des modifications essentielles, qu'il serait heureux et important d'introduire dans l'état actuel de la colonie, qui ne peut changer, s'il est possible, que de cette manière ou par la force. L'on a vu ce qu'a produit et ce que pourait encore produire ce dernier parti.

CHAPITRE XXXIV.

PREMIÈRE BASE.

Acte de soumission des deux chefs de la colonie comme relevant de la couronne de France.

Il est suffisamment reconnu qu'une nation ne peut renoncer à la souveraineté sur ses possessions, et sur aucune partie de son territoire, qu'autant qu'elle y est forcée par des engagemens contractés avec une ou plusieurs puissances; mais elle peut en restreindre et modifier les effets, suivant qu'elle juge ces restrictions et modifications utiles à ses intérêts.

Aussi elle exige, des deux chefs de la colonie, un acte de reconnaissance de cette souveraineté et de somission au Roi, comme relevant de sa couronne. Elle exige, pour l'exercer, qu'il lui soit prêté foi et hommage, ainsi qu'à ses successeurs au trône, et qu'il soit renouvelé en France par des députés.

Ces obligations, ainsi que le tribut annuel, ne constituent, sans doute, qu'un droit de vasselage, proprement dit, comme il a été long-temps en usage de la part des grands et petits vassaux de la couronne en France, en Allemagne et dans plusieurs États de l'Italie : mais ces obligations ne peuvent se maintenir que lorsque les États qui les exercent sont contigus à ceux qui y sont soumis, sans quoi, le vassal s'affranchirait bientôt du vasselage. C'est ici le grand point de la difficulté : mais si nous avons renoncé à ces institutions surannées, l'on aura remarqué, qu'afin de garantir le droit, et le pouvoir de l'exercer, nous l'avons établi sur des principes plus stables, plus conformes à ceux que la politique moderne exige de suivre. Nous avons formé un système de colonisation fédératif, mitigé, dont la compagnie de commerce doit être le lien, et la France l'appui.

On ne peut plus se dissimuler, aujourd'hui, que c'est en généralisant ce système, ou en le modifiant suivant les lieux où il peut être applicable, que l'Europe conservera, en Amérique, ses établissemens et son influence.

Le temps est venu où tout commande aux États qui y possèdent des colonies, de resserrer leurs liens par des bienfaits : au premier rang il faut placer la part directe qu'elles désirent obtenir dans l'administration et la législlation qui doivent les régir, non comme des provinces de a métropole, seulement plus éloignées du centre, mais comme ayant besoin de priviléges particuliers pour leur tranquillité et la conservation de leur régime intérieur.

L'île de la Jamaïque, la plus importante des colonies anglaises aux Antilles, jouit déjà d'une partie de ces avantages.

Il faut considérer que ce n'est plus par la force qu'on peut les contenir dans l'obéissance. La plupart des États sont privés de ces moyens, et par là, de pouvoir mettre aucun poids dans la balance qui doit peser leurs destinées futures. Cette balance est restée, exclusivement, par la force des événemens, entre les mains des États-Unis et de l'Angleterre.

Les États-Unis, n'étant détournés par aucune autre vue, mettent au succès d'affranchir l'Amérique, et d'y exercer une influence unique, toute leur ambition : beaucoup d'indices le font présager, autant que la situation de cet État et la forme de son Gouvernement fédéral. Ce serait alors la puissance la plus étonnante.

L'Angleterre, au contraire, oublie qu'elle est essentiellement et uniquement maritime ; et voulant dominer en Europe, ou y figurer au premier rang, comme puissance continentale, elle est nécessairement obligée d'affaiblir sa marine et son commerce pour se former une armée de terre. Son agrandissement devient trop disproportionné avec sa population, et ses bras, en s'étendant, perdent de leur force. Aussi la paix lui est-elle plus nuisible que profitable. En temps de guerre, elle peut se mesurer avec tous : elle fait le commerce exclusif. En temps de paix, elle n'y entre que pour sa part; par conséquent ses finances doivent s'en ressentir. Cette situation prouve qu'aucun État n'est assez puissant dans ce siècle, pour tenir réunis, dans ses mains, et le sceptre des mers et le sceptre de la terre, et que le Gouvernement anglais, afin de prévenir la révolution qui se prépare en Amérique, et qui menace ses intérêts comme ceux des autres États de l'Europe, doit non-seulement se réunir à eux, et se garantir mutuellement leurs possessions, mais encore rétablir dans cette partie le *statu quo ante bellum*, pour leur donner les moyens de conjurer l'orage. C'est aujourd'hui à l'Europe à former un faisceau contre le nouveau Monde, si toutefois il en est temps encore.

CHAPITRE XXXV.

IIe. BASE.

Tribut annuel à payer par la colonie, et fixation d'une somme de soixante millions pour indemnité des pertes causées à la France par les événemens de Saint-Domingue, et pour valeur approximative d'objets qui lui seraient cédés.

Le tribut annuel imposé à la colonie dérive du droit que le Roi exerce, comme souverain, et des concessions qui lui sont faites. La quotité de ce tribut reste à fixer.....

L'indemnité de soixante millions, que réclame la France, est réglée fort au-dessous de celle qu'elle pourrait stipuler pour les pertes supportées provenant, d'une part, des dommages que lui ont causés les événemens de Saint-Domingue.

Et de l'autre, pour les cessions qu'elle lui ferait des édifices publics, des chantiers, arsenaux, places de guerre et autres objets d'utilité générale, dont l'estimation réelle ne peut être calculée.

Mais on a pris en considération, pour cette fixation, non la valeur approximative, mais relative à celle que la colonie peut payer sans lui faire porter une charge au-dessus de ses forces : et, afin d'en alléger le poids, on a divisé le paiement en cinq termes égaux, et fixé à douze millions par année. La colonie peut facilement faire honneur à cette dette. Quelques personnes présument, avec raison, que Henri a plus que la somme totale réunie dans ses coffres, et que Pétion n'en n'a guères moins.

Ces deux Gouvernemens ne font aucunes dépenses, ou en font très-peu : il perçoivent de grands revenus à l'entrée des marchandises et à la sortie des denrées coloniales. Ils perçoivent, de plus, le revenu des biens affermés et le produit de toutes les guildiveries (1), qui est immense. L'on suppute que la réunion des divers droits peut s'élever de cinquante à soixante millions par an : ils iraient plus haut s'ils étaient mieux administrés : si les terres étaient mieux travaillées, et le commerce entre des mains moins avides.

Ainsi, ces deux Gouvernemens ne peuvent avoir à se plaindre de l'obligation qu'on leur impose dans ce réglement de compte.

Cette population et ses chefs n'ont eu qu'un moment passager de calamités : ils ont eu, pour ainsi dire, tous les avantages de la révolution,

(1) Fabrication du taffia ou du rum.

sans en avoir les maux accablans, il est bien juste qu'ils concourent, aujourd'hui, aux charges que supporte la France par suite des mêmes événemens, et qu'ils s'y réunissent au contraire d'une manière plus intime, afin de prévenir les mouvemens d'un désespoir qu'autoriserait et légitimerait leur opiniâtre résistance.

Quelques détails, que nous croyons nécessaires, donneront le tableau vrai de ce qu'était Saint-Domingue avant la révolution, et un aperçu de ses ressources actuelles.

M. le duc de Lévis, dans une opinion développée à la Chambre des Pairs, sur l'importance de Saint-Domingue, évalue, ainsi qu'il suit, les produits de cette colonie en 1790 (1).

« Le commerce y employait sept cent cinquante gros bâtimens, montés par plus de vingt-quatre mille matelots, non compris ceux servant au cabotage de l'île.

Les revenus se composaient; savoir :

De trois cent millions pesant de sucre brut et terré, évalués à 50 fr. le quintal, ci.........	150,000,000.
Cent millions pesant de café, à 80 fr..	80,000,000.
Deux millions pesant d'indigo, à 9 fr..	18,000,000.
	248,000,000.

(1) Extrait d'une pétition du commerce de Nantes, présentée, en 1792, par deux cent cinquante-huit négocians.

De l'autre part.............	248,000,000.
Cinq millions pesant de coton, à 2 fr..	10,000,000.
Trente mille bariques de sirop, à 100 f.	3,000,000.
Quinze mille bariques de taffia, à 100 f.	1,500,000.
Commerce interlope porté à.......	17,000,000.
Total...........	279,500,000.

A quoi il faut ajouter les bénéfices sur le commerce des piastres et quadruples, provenant du continent espagnol, qui, de 1783 à 1790, a produit l'importation en France de quarante millions numeraire.

Les habitations étaient au nombre de huit mille. Chacune, évaluée au prix moyen d'un million (1), portait la somme des propriétés en terres à huit milliards argent de colonies, de 33 1/3 inférieur à celui de France. »

Il est nécessaire de reproduire ces données certaines d'après une autorité aussi respectable que celle du noble pair.

Partant de ces données, on suppose que les revenus actuels soient réduits au tiers de ceux produits en 1790, quoique nous les estimions plus haut, ils seraient donc encore aujourdhui de près de.... 100,000,000.

Cette somme servira à fixer à peu près

(1) Y compris, sans doute, la valeur des esclaves.

Report des revenus actuels de Saint-Domingue, supputés à .... 100,000,000.

les revenus publics des Gouvernemens de la colonie.

D'abord, ils perçoivent le quart comme droits ou prix de l'affermage des propriétés rurales, ce qui porterait le premier article de revenu à 25,000,000

Estimant les droits d'exportation sur les denrées coloniales, à 5 p. o/o ..... 5,000,000.

Idem, ceux perçus sur les marchandises de toute nature, vivres, etc., introduits pour la même valeur des exportations, à 5 p. o/o (1), ci .... 5,000,000.

Idem, loyer des maisons des absens, des usines, etc., dans les villes, bourgs, communes, etc., à .... 10,000,000.

Idem, divers autres droits sur le tabac, sur le taffia vendu en détail, sur les marchands, aubergistes, cabaretiers, etc... 3,000,000.

Les Gouvernemens coloniaux perçoivent donc la somme de .... 48,000,000.

Il s'en faut que ces revenus soient absorbés par les dépenses, malgré les abus et les désordres qui peuvent exister dans la perception des recettes et la répartition des dépenses, abus qui appar-

(1) On assure que les droits à l'exportation sont plus forts.

tiennent nécessairement à une administration encore dans l'enfance.

Nous pourrons évaluer ces dépenses par aperçu, autant que cela peut être praticable, n'ayant que des renseignemens insuffisans.

Il n'existe, à la charge de la colonie, aucune institution publique d'éducation, ni pour les arts, ni pour les sciences, ni en faveur de l'humanité souffrante et malheureuse, enfin rien de ce qui honore les nations civilisées et leurs gouvernemens.

Quoique la religion catholique soit respectée et suivie dans la colonie, le petit nombre de prêtres qui y est encore, n'a d'autres rétributions que le casuel; mais s'il est suffisant, et payé sans ostentation, sans libéralité, il faut dire que la piété en règle les frais des deux côtés.

La plus forte dépense est affectée à la solde et à l'entretien des vingt-cinq à trente mille hommes de troupes que peut avoir la colonie.

Si ces troupes étaient payées, nourries et entretenues comme celles de la France, cette dépense s'élèverait à vingt-cinq millions par an. Mais elles sont loin de l'être sur ce pied : elles n'ont pas, d'ailleurs, les mêmes besoins.

On estime néanmoins cette dépense, y compris la solde (1), l'entretien, la nourriture, l'achat des

(1) Il faut entendre la solde payée aux officiers et aux états-majors nombreux; car le soldat n'y a qu'une part très-faible.

armes et des munitions de guerre, les réparations aux fortifications des places, et le traitement des malades dans les hôpitaux, etc., à 20,000,000.

Entretien de quelques bâtimens armés	1,000,000.
Administration de la colonie et de la justice	8,000,000.
Diverses autres dépenses	1,000,000.
TOTAL de la dépense	30,000,000.

Il resterait donc aux deux chefs des Gouvernemens coloniaux dix-huit millions, et à chacun neuf millions.

Ainsi, on peut juger, par cet aperçu, que, sans mettre aucune nouvelle contribution sur les particuliers de la colonie, ces Gouvernemens pourraient facilement acquitter la charge imposée par la France de douze millions par an.

Il y a plus : le nouvel ordre de choses introduit dans la colonie devrait nécessairement augmenter les revenus, même en réduisant les impôts. Assis sur des bases plus équitables et un mode de recouvrement plus facile dans son exécution, ils offriraient moins de non-valeurs.

Les soins éclairés de la compagnie, autant que son intérêt, tendraient essentiellement à tout ce qui pourait concourir à la prospérité de la colonie, qui acheterait à meilleur marché les marchandises qui lui sont utiles, et vendrait plus cher ses denrées. En dernière analyse, le commerce d'échange est le plus avantageux aux peuples qui s'y bornent.

D'un autre côté, la confiance une fois établie entre la colonie et la compagnie, les dépenses que la première supporte, en raison d'un état militaire aussi considérable que celui qu'exigent les craintes qui l'agitent et la tourmentent, diminueraient plausiblement; ses revenus s'élevant en quelque sorte au-dessus de leur niveau actuel, cette colonie pourait affecter le surplus à des établissemens qui lui manquent.

CHAPITRE XXXVI.

IIIe. BASE.

Territoire, places et villes cédés à la compagnie.

Nous avons tracé la ligne des droits que la France se réserve comme une limite qu'elle ne peut abandonner.

Henri et Pétion peuvent-ils se refuser à les reconnaître? Quelles prétentions pourraient-ils élever? Ils sont maintenus et reconnus dans leurs Gouvernemens respectifs. On peut être très-grand, et s'énorgueillir encore de dépendre du Roi de France. Il ne veut pas lui-même mesurer la distance qui le sépare de sujets, jusqu'ici rebelles: il ne peut que la combler par l'étendue et l'immensité de ses bienfaits et de sa générosité, afin de la rapprocher si cela est possible.

Que leur demande-t-on? On exige, il est vrai, des garanties pour l'exécution des dispositions que l'on prend: mais ces garanties demandées ont été le sujet des plus profondes méditations, afin d'éloigner jusqu'au soupçon de vouloir faire, des parties de territoire réclamées, un point d'appui à des entreprises d'agrandissement.

C'est le motif de la création d'une compagnie de commerce, spécialement chargée des intérêts des propriétaires dans la colonie, et dont les bâtimens auront, pendant un temps limité, la faculté d'entrer, exclusivement, dans les ports de ladite colonie. On voit qu'il n'est pas possible de pousser plus loin les précautions. Nous examinerons la nature de ces cessions.

Le territoire, villes et places dont on exige la cession à la compagnie au nom du Roi, forment les garanties que l'on croit nécessaires, d'abord à la France qui doit être en mesure de surveiller l'exécution des dispositions qu'elle prend, et ensuite aux intérêts de la compagnie, obligée d'avoir des points de refuge assurés pour ses marchandises et ses bâtimens, en cas de troubles intérieurs ou de guerre extérieure. Sans la jouissance de ces avantages, la compagnie n'aurait qu'une existence incertaine, précaire : il lui deviendrait plus difficile de faire à la colonie le bien qu'elle doit se promettre de ses ressources.

L'occupation, par la compagnie, du territoire désigné, ne doit porter aucun ombrage aux deux Gouvernemens. Le commerce s'occupe uniquement de spéculations commerciales, de vendre et acheter ; il ne peut avoir ni le désir, ni la faculté de s'étendre dans le pays ou de le troubler. Il se nuirait particulièrement à lui-même, et aux intérêts dont il est chargé, comme on le verra plus loin. C'est ce but que l'on a eu particulièrement en vue dans la création de la compagnie de commerce, comme aussi d'en former un intermédiaire entre la colonie et les propriétaires, pour donner aux passions le temps de s'amortir, aux préjugés celui de s'éteindre, et établir ainsi une mutuelle confiance.

On a eu encore l'attention, afin de n'inspirer aucune jalousie entre l'un et l'autre Gouvernement, d'exiger de chacun d'eux une place en faveur de la compagnie. Ainsi on prend du Gouvernement haïtien la ville et les forts du Môle Saint-Nicolas, et du Gouvernement colombien la ville et les forts de Saint-Louis.

Ces deux places isolées ne sont d'aucune utilité à ces Gouvernemens. Ils ne prétendent pas assurément devenir puissances maritimes. Ces deux places ne peuvent menacer l'intérieur : elles ne battent que les rades et les ports qu'elles défendent. C'est sous ce rapport que la compagnie en a besoin pour y retirer ses bâtimens, les réparer, et pouvoir plus facilement approvisionner toute la colonie. D'un autre côté, la compagnie n'aurait à sa disposition que des forces bornées : elle ne pourrait les augmenter que par un nouveau statut qui en déterminerait le nombre.

Les îles de la Tortue et de la Gonave n'ont aucune importance, mais elles en acquièrent pour la compagnie. Elle ferait de la première l'établissement de son comptoir, et à cause de sa salubrité, celui d'hôpitaux pour ses malades.

L'île de la Gonave serait un point de dépôt de denrées et marchandises pour le centre de l'île.

Les deux Gouvernemens ne doivent voir, dans la demande de l'occupation d'une partie de territoire entre la Grande Rivière et celle de l'Artibonite, par la compagnie, qu'une continuation des mêmes sentimens de paix et de conciliation, dont la France se montrerait animée en faveur de la colonie. En effet, ce territoire formerait une ligne de démarcation, pour ainsi dire neutre, entre lesdits deux Gouvernemens, ce qui éviterait à l'avenir tout sujet de contestation entre eux. La France ne pourrait d'ailleurs garantir leurs limites, si elle n'était en situation de rapprocher les parties et de mettre obstacle aux empiétemens qu'elles pourraient être tentées de faire, sans que la compagnie puisse, dans aucun cas, favoriser l'une ou l'autre. Elle doit être considérée, au contraire, comme une autorité nécessaire, chargée de veiller au maintien de la bonne union par l'emploi unique de moyens conciliatoires.

CHAPITRE XXXVII.

IVe. BASE.

Remise des biens aux propriétaires.

LA remise des biens aux propriétaires est une des conditions imposées aux deux Gouvernemens de la colonie, en réciprocité des concessions qu'on leur accorde. Cette réclamation est juste : elle est naturelle. Le Gouvernement de France ne peut négliger ces intérêts ni les abandonner.

Mais comme on a prévu les difficultés que pourrait présenter cette réclamation, et les causes d'opposition qu'on serait dans le cas de faire valoir, et qu'elles arrêteraient toutes les mesures, la compagnie serait nommée d'office curatrice de ces biens, agissant au nom et pour le compte des propriétaires absens, jusqu'à l'époque où ce mode d'organisation coloniale serait parfaitement en vigueur, et que sa stabilité garantirait la tranquillité de la colonie et la sécurité des propriétaires.

Cet éloignement momentané de leurs possessions ne peut pas être envisagé par eux comme un grand sacrifice qu'on leur imposerait : il est fait depuis long-temps : il n'aurait aucun terme si on ne s'occupait d'en assigner un par des dispositions qui concilient tous les intérêts.

On ne reviendra pas sur l'impossibilité démontrée de rétablir la colonie sur l'ancien pied. On l'a déjà dit : la force et les moyens obliques ne feraient qu'y perpétuer les désordres et les malheurs.

L'opinion n'est pas la seule règle des actions des hommes. On prend souvent pour telle ce qui n'est que l'effet d'un sentiment plus puissant, excité par l'orgueil. Il ne remonte pas aux causes premières : on sait qu'il faut obéir à celles-ci : on s'y soumet, même avec plaisir ; mais on ne voudrait pas fléchir devant les autres. La représentation du passé est une image sans cesse présente, qui renouvelle les passions assoupies. La raison n'est point assez forte pour en dissiper la chimère.

En dernière analyse, ce que les hommes redoutent le plus, est de rétrograder, même par des chemins de rose, vers le point d'où ils se sont éloignés en parcourant des abîmes épouvantables, dont ils restent effrayés en les contemplant.

Calmez ou éloignez cette frayeur, et la colonie de Saint-Domingue redeviendra toute française.

Nous rappellerons, à ce sujet, un passage remarquable de l'opinion de M. Félix Faulcon : « Croit-on, dit-il, raisonnablement, que des

» hommes aguerris et couverts de leurs armes, » viendront docilement se remettre sous le joug » de l'esclavage, et se livrer à des fatigues conti» nuelles qui seraient pour eux sans profit ! »

S'il devient donc indispensable et politique de leur faire des concessions, qui ne peuvent encore être modifiées, quelle serait aujourd'hui l'existence des propriétaires dans la colonie, quoique leur présence pût n'y causer aucun ombrage et ne point rappeler à des hommes puissans ce qu'ils furent autrefois ? Iraient-ils faire briller d'un nouvel éclat le Gouvernement de Henri ? S'accoutumeraient-ils à donner les titres de duc, de comte, etc., aux noirs auxquels ils ont été prodigués ? Se soumettraient-ils à cette étiquette de rigueur dont le manquement serait un crime ? Non ! jamais il ne faut attendre cette condescendauce de cœurs créoles, trop élevés et trop fiers pour s'y abaisser, non-seulement aux dépens de leurs fortunes, mais encore de leur vie.

Iraient-ils, sous le Gouvernement colombien, essuyer la morgue et l'orgueil de ces farouches républicains, où tout retentit du mot de liberté, et, où, n'existant que pour ceux revêtus du pouvoir, la moindre parole devient suspecte ? Après avoir si long-temps combattu contre les principes d'égalité qui règnent dans cette partie, voudraient-ils les partager avec ceux qui les ont conquis ?

cela n'est pas possible. S'ils y étaient reçus, ils y seraient tout aussi déplacés que dans le pays haïtien, et n'y seraient pas mieux traités.

Ces raisons, conformes aux sentimens individuels des propriétaires, se joignent à celles que nous avons exposées pour leur faire regarder la mesure qui les assujétirait à rester encore éloignés de leurs biens comme nécessaire et indispensable (1).

Confieraient-ils leurs affaires à des procureurs fondés ou à des gérans? Qui ne sait, par expérience, les difficultés qu'il y aurait d'en obtenir des comptes réguliers et fidèles, surtout dans de telles circonstances! Qui ne sait qu'on est souvent obligé, à une telle distance, d'envoyer de nouvelles personnes et de nouveaux pouvoirs pour recueillir la succession des premières qui en ont été chargées! Isolés et sans soutien, quels moyens, quelle influence auraient ces agens pour faire valoir les droits de leurs commettans, pour remonter la culture des terres, relever les établissemens qui en dépendent, et procurer les avances en argent ou en crédit que ces travaux exigeraient?

(1) L'auteur de l'ouvrage sous les lettres C. D., que nous avons cité, exigeait bien davantage. Il proposait une direction, nommée par le Gouvernement, pour la gestion des biens des propriétaires, dont le produit aurait été affecté aux dépenses causées pour pacifier la colonie et l'éloignement indéfini des propriétaires.

Les propriétaires eux-mêmes ne pourraient pas espérer d'obtenir plus de crédit dans la situation actuelle ; le commerce, déjà créancier pour une partie de la valeur des biens, ne s'exposerait pas à faire de nouvelles avances, s'il n'était nanti et certain de les recouvrer par les produits, et graduellement.

On obvie à tout en remettant ce soin à la compagnie de commerce dont nous proposons la création. C'est un corps respectable, qui ne périt point, qui aura des capitaux à sa disposition et qu'il peut alimenter, sans cesse, par son commerce et ses ressources. La correspondance sera facile et prompte. Chaque propriétaire aura la satisfaction de connaître, régulièrement, la situation de ses biens : de pouvoir les augmenter par des améliorations, d'en percevoir les revenus et même d'obtenir des avances lorsque les choses seront établies. La compagnie, devant avoir de nombreux employés, surveillés les uns par les autres, étendra ses regards et sa sollicitude sur tous les objets qui la concernent, et dans lesquels on lui accorde des remises. Ses bénéfices seront assurés et connus, par conséquent, elle ne peut en faire d'illicites.

Sa composition et son organisation lui donneront d'ailleurs, comme on le verra, un caractère de force et d'influence utile, même aux chefs de la colonie : ils s'en rapprocheront sans inquiétude, et la compagnie pourra les éclairer de ses conseils, pour le plus grand avantage de tous.

La faculté accordée aux détenteurs des propriétés de continuer à les faire valoir, à titre de ferme, ou d'en faire l'acquisition, s'ils le désirent, est une disposition favorable à ceux-ci, comme aux propriétaires. Elle est également relative au maintien de la tranquillité publique. En effet, ceux qui les cultivent, les tiennent à ferme pour un temps donné de trois, six et neuf années. Ils y ont fait des réparations, ils ont mis la propriété en état de produire des revenus : on ne peut pas les déposséder *ex abrupto*. Les cultivateurs qui y sont attachés pourraient être entraînés à la désertion, au vagabondage ; et comme il faut tout prévoir, dans un objet aussi délicat et aussi grand, il a paru juste et convenable de laisser jouir les fermiers pour le temps restant à courir de leur bail, de le renouveler, s'il y a lieu, moyennant de nouvelles conditions pour le prix, et un nouveau mode de fermage dont il sera parlé ailleurs.

Quant à la vente, on pense bien qu'il n'y a aucun propriétaire qui ne saisît cette occasion avec empressement. Mais on peut leur donner la confiance qu'il se trouvera beaucoup d'acquéreurs parmi les fermiers, les Américains, les Anglais et autres étrangers ; s'ils ne peuvent en acquitter la valeur en totalité, il leur serait accordé des termes.

La compagnie pourrait entrer en concurrence pour ces acquisitions. Afin de garantir les intérêts des absens, il serait fait une base de mise à prix, calculée sur les revenus proportionnels d'un nombre déterminé d'années.

Mais, ici, nous anticipons trop sur les attributions réservées à la compagnie dans le statut qui concerne sa création..

CHAPITRE XXXVIII.

Ve. BASE.

Concessions de droits à la colonie de Saint-Domingue.

Nous avons fait, comme il est naturel, la part des droits que se réserve la France sur la colonie, qui est sa propriété, et sur laquelle, à ce titre, elle conserve la souveraineté : c'est à la charge de cette reconnaissance qu'il serait accordé, à ladite colonie, le droit de se régir et administrer elle-même, et de faire les lois particulières concernant son régime intérieur.

Sans doute, on ne peut étendre plus loin une telle prérogative, puisque le Gouvernement de France s'interdirait, et interdirait à la compagnie qui le représenterait, d'y prendre aucune part.

Cette faculté accordée à celle-ci, n'est pas néanmoins sans exemple. Quelques temps avant la révolution, le Roi, par un arrêt du. . . . . avait attribué aux différentes îles le droit de se former en Assemblées coloniales, par des députés librement élus.

Ces assemblées, présidées, il est vrai, par le gouverneur ou l'intendant, proposaient l'assiette, la répartition et le recouvrement des impôts: elles délibéraient sur leur administration intérieure, présentaient la réforme des abus, et faisaient des propositions d'amélioration.

Cette innovation patriotique, due au maréchal de Castries, l'un des ministres du dernier règne qui avait le mieux saisi les intérêts des colonies, changeait tous les rapports, faisait de chaque colonie un État particulier. Elle ne fut d'abord présentée que comme un essai pour satisfaire aux réclamations des colonies: mais cet essai prenait de la force et une certaine consistance. Il fut abandonné par suite des circonstances qui vinrent donner un nouveau poids aux principes qui avaient provoqué cette innovation.

L'assemblée constituante donna une nouvelle extension aux attributions de ces assemblées coloniales. Elle leur conféra le droit souverain de prononcer sur l'état des personnes. En effet, c'est le droit qui dérive le plus médiatement de la souveraineté, puisqu'il confère le pouvoir de faire libres ou esclaves de nombreuses populations, de briser ou de river leurs fers. Malheureusement, elles n'usèrent pas de ce pouvoir qui devait leur concilier l'affection et le dévouement de ces populations qu'elles préférèrent combattre à avoir pour amies.

Quoique ce parti fut dans une extrême minorité, il se crut assez puissant et assez indépendant pour se réserver tous les avantages et en refuser une portion aux autres, comme si le peuple ne composait pas, dans tous les pays, la force essentielle de tous les Gouvernemens. On a vu les suites de cette opposition. L'assemblée nationale reprit l'initiative qu'elle avait accordée aux colonies sur l'état des personnes, et décida cette grande question.

Les colonies, indépendamment du droit qui leur fut conféré de prononcer sur l'état des personnes, jouirent encore de celui de faire les lois concernant leur régime intérieur, soumises à l'approbation du gouverneur.

Nous supprimons ici cette approbation, qui ne peut s'exercer dans notre système législatif, et qui était inexécutable dans l'autre. Une telle attribution, donnée au gouverneur, était trop dangereuse dans les mains d'un sujet ambitieux : elle était le ferment de tous les troubles, de toutes les divisions. Les assemblées coloniales, profitant des circonstances, s'arrogèrent une trop grande prépondérance sur le gouverneur. Composées d'hommes riches, indépendans, instruits et montrant des talens supérieurs, elles étaient essentiellement en opposition avec le gouverneur, ordinairement sans connaissances acquises sur l'administration de ces contrées : n'ayant souvent en France qu'un crédit incertain, dont la durée cessait avec celle du ministre qui l'avait choisi : il perdait toute influence, son autorité devenait nulle.

Arrivait-il qu'il voulût se soustraire à cette dédépendance et conserver son rang, ses actes particuliers d'administration deve[illegible]ient l'objet d'une censure amère et sans déguise[illegible]ent. Dans le fait, n'exerçant qu'un pouvoir momentané, on le considérait comme un particulier passager dans l'île. De là, naissaient des partis qui mettaient toujours en danger la tranquillité publique.

Jusqu'à la révolution, les créoles ne s'étaient, en général, distingués que par leur aptitude à tous les exercices du corps et par une bravoure innée en eux : recherchant peu les emplois publics, ils étaient privés des moyens d'émulation qui donnent l'essort au génie et le développent. Leur éducation devenait chaque jour, cependant, plus soignée dans les colléges de France. Aussi, depuis qu'ils furent appelés à discuter leurs intérêts, qu'ils reconnurent avoir des droits communs avec leurs aînés, ils ont paru, sur la scène du Monde, avec éclat et ne cèdant rien à ces derniers. On en distingue plusieurs qui occupent le premier rang dans la mère-patrie, et qui l'honorent aujourd'hui par un mérite transcendant, soit comme militaires, administrateurs, orateurs, hommes d'État et ministres.

Afin de donner au Gouvernement une action plus directe sur les colonies, la loi du 4 avril 1792, éloignait momentanément les propriétaires, dans lesdites colonies, des places principales qu'ils étaient susceptibles d'y exercer.

Cette disposition de sûreté métropolitaine était, à quelques exceptions près, en vigueur sous les derniers règnes, notamment pour les emplois de gouverneur et d'intendant. Elle avait pour objet d'éviter les divisions, trop funestes pour ces pays, entre ces deux agens, qu'une vicieuse répartition de leurs attributions respectives ne rendait que trop fréquente (1).

(1) On aurait pu prévenir les désordres auxquels la Martinique est livrée aujourd'hui par la mésintelligence qui règne entre le gouverneur et l'intendant, si cette colonie avait exercé quelques droits, et si ses vœux, ou publics, ou particuliers, avaient été accueillis : elle désignait, à titre de reconnaissance, pour gouverneur, le général auquel elle dut l'ordre et la tranquillité profonde dont elle jouit après la restitution faite par le dernier traité d'Amiens. Époque vraiment difficile, où tous les partis, étant en présence, se trouvèrent contenus par la sagesse et la modération éclairées de ce gouverneur en second, qui obtint la même confiance de tous, et qui y laissa des regrets, que renouvellent plus vivement encore les événemens qui ont lieu.

Au surplus, les colonies n'en seront préservées que par l'heureux

Quelles dépenses la France ne supportait-elle pas en frais d'administration, d'entretien de troupes, de défense et de protection, et en tant d'autres, prévues ou imprévues ! Si elles étaient relatives à l'exercice d'une grande puissance, il n'est pas moins vrai qu'elles absorbaient la plus grande partie des revenus résultant de la possession des colonies.

concours qui balancera l'exercice d'emplois aussi importans ; et la métropole sera toujours soumise aux mêmes inquiétudes tant qu'elle conservera le système colonial actuel.

En temps de paix, l'autorité du gouverneur est bornée au maintien de la discipline militaire et à quelques ordonnances de police. Il n'entre que pour la forme dans la juridiction de l'intendant, qui s'étend aux tribunaux, aux finances, aux impositions, aux approvisionnemens, aux importations et exportations par le commerce français et étranger. Enfin les affaires de son administration civile et maritime se lient à presque toutes les affaires générales et particulières. La partie financière, chargée de veiller à tant d'intérêts, éveille les rivalités, et celles-ci toutes les passions.

Le parti le plus fort est ordinairement celui qui paraît le plus appuyé en France, ou qui compte le plus de partisans dans la colonie. La justice n'est souvent ni d'un côté ni de l'autre. Pour en concilier les droits et ramener l'ordre intérieur, troublé par ces divisions scandaleuses, toujours entretenues et fomentées par des intérêts privés, on rappelle ordinairement les deux chefs. Ceux qui leur succéderont subiront le même sort, parce qu'ils auront contre eux les mêmes causes qui les amenèrent, plus particulièrement encore si, à côté d'un militaire, on place un administrateur né dans le pays, dont les talens et les connaissances locales mettent en défaut l'inexpérience du gouverneur, et quelquefois les intérêts de la métropole.

L'essai qui fut fait en 1788 n'eut pas d'autre objet que de préparer les voies à leur suppression totale.

C'est dans cette même intention qu'agit l'assemblée constituante, en leur abandonnant le régime intérieur. Elle faisait, d'ailleurs, dépendre le pouvoir, conféré aux colonies, des principes qu'elle avait posés, qu'elles devaient être régies par des lois particulières, par conséquent délibérées et consenties par elles.

Nous nous sommes donc conformés dans la faculté que nous proposons d'accorder à Saint-Domingue, à ce qui a été précédemment fait, aux clauses de la Charte portant la même exception, et à ce que les temps justifieraient, lors même que nous n'aurions pas de telles autorités pour appui. Encore, ne ferons-nous jouir Saint-Domingue de cet avantage qu'à la charge de payer un tribut à la métropole, et de lui conserver le commerce exclusif dont elle était en possession, et en supportant les dépenses de l'administration.

Il importe peu que la colonie soit divisée en deux provinces plutôt qu'en trois, comme elle l'était antérieurement aux événemens : ils ont formé cette division, et ils obligent à laisser subsister ces deux Gouvernemens, indépendans l'un de l'autre, dans la forme et organisation qui les constituent. Nous avons donné, pour motiver cette séparation et la reconnaissance du titre, des éclaircissemens assez étendus. Nous y ajouterons cette observation, que la France se trouverait, à l'égard de Saint-Domingue, dans la même situation que l'Angleterre à l'égard des États dans l'Inde, dont elle reconnaît les Gouvernemens aux mêmes conditions, et que la compagnie est chargée de maintenir.

La désignation en Gouvernement haïtien et en Gouvernement colombien, de la partie française de Saint-Domingue, n'est pas seulement un objet de convenance. Si l'un rappelle le nom oublié et primitif de l'île, il semble qu'on doive en même temps rappeler celui non moins célèbre de l'auteur de la découverte.

Cette qualification est encore politique. Elle forme une division préférable à celle qui existe entre les deux parties du territoire : elle classe mieux ces Gouvernemens, distingués jusqu'à présent par celui des nègres dans le Nord, et des mulâtres dans le Sud.

Le Roi exerce, en cette occasion, un nouvel acte de sa souveraineté, en leur donnant l'institution légale, d'après laquelle ces deux Gouvernemens coloniaux pourront être désignés à l'avenir dans les cartes géographiques.

Si, après avoir arrêté les conditions que la France impose à la colonie, il existait encore quelque résistance provenant des chefs, une voix secrète, plus forte que tous les raisonnemens, et rarement repoussée par les hommes, quand il s'agit d'un intérêt personnel aussi puissant, leur dirait :

« Quelque titre que nous prenions, quelque » soit le pouvoir dont nous jouissions, qui sommes- » nous ? Des esclaves ou des affranchis, considérés » comme des insurgés et des rebelles. Quel droit » avons-nous sur le pays dont nous usurpons la » possession ? Le plus grand nombre d'entre-nous » est né sur les plages africaines ; la force et les » circonstances du moment nous y maintiennent » comme les maîtres. Mais cet appui menace » ruine : nous pouvons en être écrasés. Tels sont » les auspices sous lesquels nous vivons. Aujour- » d'hui nous régnons : demain, peut-être, notre » front se courbera de nouveau sous le joug de » l'esclavage. Nous rentrerons dans notre premier » état, ou nous disparaîtrons. Ces réflexions sont » accablantes. La foudre frappe le chêne auda- » cieux : elle respecte l'humble et flexible roseau.

» Notre rebellion a été traitée avec trop d'indul- » gence pour croire qu'elle soit sincère. Ce sen- » timent, d'ailleurs, nous serait-il personnel ? Ne » dépendrait-il pas d'autres intérêts ? La cause » qui l'a fait naître existe-t-elle encore ?

» Inconnus aux diverses puissances des deux » Mondes, étrangers à toutes, et par notre sang, » et par le droit qui leur a transmis le pouvoir, » nous n'avons aucuns rapports avec elles. Que » pouvons-nous en attendre? Elles n'ont souffert » notre usurpation qu'en attendant l'occasion de » nous en punir. Ce temps est arrivé. L'Europe » respire, alors que nous la bravons encore! » Notre sort est dans nos mains; hâtons-nous de » l'assurer. La France va sonner l'alarme contre » nous. Au milieu de ses longues et cruelles agi- » tations, elle ne nous a pas perdus de vue. En- » traînée au loin par l'éclat trompeur des con- » quêtes, ses revers lui ont appris que la gloire a » des bornes, que la modération et la justice n'en » connaissent point. Semblable à un volcan, elle » a fait une éruption terrible. La Providence le » referme: elle en a éteint les feux. Imitons l'exem- » ple de cette nation! Associons, lions encore nos » destinées à ses destinées toujours glorieuses. » Elle aurait dû périr, si elle n'était impérissable. » La France rentre dans ses limites; elle concentre » sa force: plus sagement dirigée, elle en devient » plus puissante. Un Roi qui lui est cher veille » sur elle. Tout ce qu'il a promis a été réalisé: » elle est libre enfin. Comme à des sujets appar- » tenant à la même patrie, il nous tend les bras;

» il nous embrasse dans la même sollicitude.
» N'hésitons plus dans le parti que nous avons à
» prendre.

» Recevons avec respect les conditions qui nous
» sont faites. Soumettons-nous-y avec reconnais-
» sance, et même à de moins généreuses, si elles
» nous étaient imposées. Elles sont dictées par la
» magnanimité la plus éclatante. Si le Roi veut
» nous reconnaître ; s'il daigne nous investir d'une
» autorité légale, qui ne peut émaner que de sa
» puissance, dès ce moment notre sort change
» comme par enchantement : nous prenons place,
» comme vassaux et tributaires de Louis XVIII,
» au nombre des Gouvernemens tranquilles et
» paisibles.

» Quelle plus belle destinée pouvions-nous
» espérer ! A quoi oserions-nous prétendre ! Sai-
» sissons donc cette occasion de légitimer notre
» existence politique, et d'en éloigner les dangers
» et les alarmes qui l'environnent sans cesse !

» Nous montrerions-nous insensibles à tant de
» générosité ? Alors, rien ne pouvant nous tou-
» cher, la France n'a plus de ménagemens à gar-
» der envers nous. Les colonies sont le domaine
» naturel du commerce européen : la compagnie
» qu'il forme nous présente toute la sécurité que
» nous pouvons désirer. Si nous la repoussons,

» le corps de troupes dont elle dispose peut n'être » que l'avant-garde de l'armée qu'elle lèvera » contre nous, sans être à charge au Gouverne- » ment.

» Cette multitude d'hommes que nous tenons » dans notre dépendance, plutôt subjuguée que » soumise, dont le sort n'a changé que de nom, » et que nous avons aggravé au lieu de l'adoucir, » tenant aujourd'hui une existence certaine, ir- » révocable, du Roi, va nous abandonner : elle » passera du côté de la justice et des bienfaits. »

On se rappellera, d'ailleurs, que dans le temps on blâma hautement Buonaparte, non-seulement de l'expédition contre Saint-Domingue, mais encore de n'avoir pas laissé à Toussaint le gouvernement de cette île : il convint lui-même de cette énorme faute. Toute la France partagea cette opinion.

Le vice-amiral comte *Truguet*, ancien ministre de la marine, l'honneur de celle de France par ses services autant que par son refus, comme commandant de la flotte réunie à Brest, de prêter serment au Consul élevé à la dignité impériale, entreprit en vain, par des avis réitérés, d'éloigner les malheurs dont il prévoyait que cette expédition serait suivie. Il connaissait l'esprit de l'armée qui occupait cette colonie ; il avait exercé sur elle une salutaire inflence; il savait ce qu'on devait en espérer ou craindre, et combien il importait de la maintenir attachée aux intérêts de la France.

M. *Bourdon de Vatry*, qui quittait cette administration, préjugeant la même catastrophe, fit également d'inutiles représentations.

Mais Buonaparte crut devoir écouter d'autres conseils, qui entraient mieux dans ses vues. Il confia ce ministère d'abord à M. *Forfait*, et ensuite à M. le duc *Decrès*. Si celui-ci est le plus long qui ait été exercé, il est aussi incontestablement le plus malheureux dont l'histoire fasse mention. La France, sous ce ministre, fut effacée du rang des puissances maritimes et coloniales.

Toutefois, l'autorité, dans les mains de Toussaint, pouvait être, à cette époque, limitée ou contestée avec succès. La France dominait à Saint-Domingue par les principes qui y étaient en vigueur.

Aujourd'hui, cette autorité se trouve divisée en deux Gouvernemens distincts et séparés, agissant de concert s'ils sont attaqués. La France y a perdu son influence par les fausses mesures du dernier Gouvernement; elle doit la reconquérir par des mesures opposées à celles qui la lui ont fait perdre. Et comme il faudrait établir cette séparation, si elle n'existait pas, on reconnaît ces Gouvernemens dans l'état où ils se trouvent, avec un simple changement de titre, ainsi que nous l'avons indiqué.

Mais telles sont les difficultés que nous rencontrons dans ce travail, afin de pouvoir le rendre utile, qu'il ne suffirait pas de convaincre le Gouvernement de France des avantages que lui réserveraient, même les meilleures dispositions possibles concernant Saint-Domingue, il faut encore frapper de cette conviction l'esprit des chefs et de la population de cette colonie : il faut éloigner leur méfiance naturelle; leur faire comprendre que ces dispositions ne cachent aucun piège et que leur sort en dépend.

Comme cet ouvrage peut y produire cet effet désirable, nous avons cru nécessaire d'employer les moyens de l'obtenir par le développement de principes que la politique et l'honneur peuvent avouer.

Aussi, dans l'intention de faire entendre le langage de la raison et de l'intérêt, et d'y mêler celui d'une vérité sévère adressée aux chefs de ce pays, nous sommes-nous rendus diffus en nous en servant alternativement.

Au surplus, c'est toujours préparer les voies à y faire recevoir et lire de meilleurs ouvrages, comme au succès d'autres opérations dont la France pourait juger les résultats plus certains et plus efficaces.

Les limites des deux Gouvernemens coloniaux étant déjà tracées, nous les laissons subsister. Il n'y a aucune raison de les rectifier; mais la France s'engage à les garantir : car il est de son intérêt que l'un ne puisse empiéter sur l'autre, et de les porter, par une rivalité nécessaire, à rechercher, mutuellement, l'amitié des Français. La compagnie peut, facilement, en faire naître les sentimens par des procédés nobles et généreux.

CHAPITRE XXXIX.

Ratification de l'état politique des hommes de toutes couleurs, habitant la partie française de Saint-Domingue.

SUIVANT notre opinion, le sort de la colonie est fixé : le souverain a prononcé. Il n'a pas seulement embrassé, dans sa sollicitude, la cause d'une caste particulière, mais l'intérêt général de ses États et de son commerce.

Là, comme ailleurs, un bienfait partant de si haut trouve facilement, par la reconnaissance, à s'insinuer dans tous les cœurs ; il fera impression sur les esprits les plus faibles : son empire n'est pas d'un moment ; il est de tous les temps, parce que la bienfaisance, en faveur de l'humanité, est une émanation de la Divinité, dont les Monarques, en suivant ses inspirations, se montrent les véritables représentans sur la terre. De quelque côté alors que viennent les oppositions, *elles ne sont plus à craindre.*

Ces considérations puissantes doivent déterminer la ratification de l'état politique des personnes de toutes couleurs habitant la partie française de Saint-Domingue. Il ne faut point de demi-mesures dans une affaire de cette importance, ni d'incertitude. Il faut prononcer qu'elles sont libres, et qu'elles jouiront de tous les avantages qui résultent de cet état, ou les rétablir dans leur état primitif.

On ne verra dans la distribution des droits respectifs réservés et accordés aucune arrière-pensée de la part de la France. La force des choses la détermine à adopter un système de colonisation pour Saint-Domingue tout particulier. Il ne touche en rien à l'intérieur : il est purement commercial, et dérivant, en quelques points, du système fédératif (1). S'il réussit, la France n'a aucun

(1) Si l'on devait faire l'application entière de ce système à une colonie moins troublée, qui serait dans une situation plus favorable, sous les rapports politiques et des préjugés, il suffirait de lui assigner des places dans les deux chambres.

Les lois générales de la métropole y seraient introduites. La colonie, dans une chambre administrative, formée de ses députés, s'occuperait spécialement de celles concernant son intérieur.

Un gouverneur civil pour la métropole la présiderait. Il surveillerait l'exécution des unes et des autres, et de celles prohibitives du commerce. Quelques bâtimens de l'État y concourraient.

Un officier militaire, à la réquisition du gouverneur civil, serait uniquement chargé du commandement des troupes royales pour la garde des places et le maintien de l'ordre.

La colonie pourvoirait aux dépenses de leur solde et entretien, et généralement à tous les frais de son administration. Elle ne demanderait pas mieux. Elle aurait un corps de milice ou de garde coloniale sur pied.

Elle s'imposerait elle-même, réglerait ses dépenses ; et les plaintes,

intérêt à étendre son autorité dans le pays. Au contraire, elle aurait à supporter des dépenses considérables, sans compensation, et dont elle est dispensée en se bornant au mode nouveau.

Les chefs de la colonie doivent donc avoir cette confiance intime, qu'aucune tentative ultérieure de la France ne peut avoir lieu. Mais ce qui doit pleinement contribuer à les rassurer, ce sont les avantages qui leur seraient reconnus, et qu'un Gouvernement, dont la bonne foi fait l'antique renommée, ne se déciderait pas à consentir, s'il avait l'intention secrète de vouloir les reprendre.

trop communes contre la métropole ou l'injustice et les vexations de ses agens, cesseraient : elles n'auraient plus de motifs.

Tous les propriétaires de la colonie, ayant des droits à exercer, un intérêt direct au bien-être général et à sa prospérité, s'en occuperaient avec fruit, et tous, conduits par le même honneur, voleraient à sa défense si elle était attaquée. La colonie serait heureuse; le Gouvernement métropolitain, débarrassé de beaucoup d'inquiétudes à cet égard, et de frais énormes d'administration dont il pourrait s'affranchir.

L'objet que nous avons eu en vue n'étant pas de traiter cette question, nous nous sommes bornés à indiquer les points principaux qui peuvent servir à en fonder les bases et à les comparer avec celles du système actuel, qui s'écroule de toutes parts. L'action du Gouvernement serait plus puissante, et l'union fédérative inaltérable.

FIN DE LA PREMIÈRE PARTIE.

NOUVEAU SYSTÈME
DE COLONISATION
POUR SAINT-DOMINGUE.

DEUXIÈME PARTIE.

ÉTABLISSEMENT.

DE LA COMPAGNIE DE COMMERCE POUR SAINT-DOMINGUE.

CHAPITRE PREMIER.

Recherches sur l'utilité des compagnies de commerce ; les causes et les circonstances qui les ont fait établir par l'Angleterre et par la France dans le siècle dernier.

LES compagnies de commerce au-delà des mers ne sont des associations nouvelles ni pour la France, ni pour les autres États maritimes de l'Europe. C'est par l'établissement de celle de l'Inde que l'Angleterre a porté à un si haut degré et son commerce et sa puissance. Elle fut la première qui en conçut l'idée et l'exécution, vers la fin du règne de la reine Élisabeth.

Le régime de celle qu'elle institua pour l'Inde, et qui subsiste depuis l'origine, a éprouvé divers changemens. Le premier capital ou fonds que la compagnie eut à sa disposition, provenant des actions dont il se composait, ne fut d'abord que de 369,891 liv. sterling ; mais, au moyen des bénéfices produits et des dividendes qui y furent réunis, ce fonds s'éleva, en 1685, à 1,703,402 l. st. Il s'est tellement accru, en proportion des acquisitions territoriales de la compagnie, et de l'extension de son commerce, que son revenu actuel est de 18 millions sterling, et la population qui en dépend de trente-quatre millions d'hommes, non compris l'île de Ceylan, nouvellement soumise au pouvoir de la compagnie. Les variations que cette société a éprouvées dans sa constitution ont contribué à l'améliorer à un tel point, qu'elle est devenue la souveraine la plus riche et la plus puissante de l'Asie et de l'Inde.

La France, par imitation, établit des compagnies de commerce pour les Indes orientales et occidentales (1). Elle en eut de particulières pour le Canada (2), pour les Antilles et la Terre-Ferme d'Amérique (3).

Le préambule des édits de 1664 fait connaître quels avantages le Gouvernement se proposait de retirer de ces sociétés, qui devaient étendre et favoriser autant le commerce du royaume.

(1) Déclaration du Roi, du mois d'août 1664, et édit du 28 mai même année.

(2) Édit de 1628.

(3) Édit de 1642.

A cette époque, la France sortait des embarras d'une très-longue guerre : elle était singulièrement épuisée; beaucoup moins sans doute qu'à celle-ci, puisqu'elle était victorieuse ; mais les particuliers se trouvaient également, comme aujourd'hui, dans l'impossibilité de faire isolément de grandes entreprises. Il fallut les réunir en corps de sociétés pour former des capitaux suffisans, et empêcher les opérations partielles de se nuire réciproquement par leur concours. On n'aperçut dans ce temps, si fécond en hommes d'État, d'autres moyens de réparer les pertes publiques, même après avoir diminué la charge des impôts.

Louis XIV, si justement surnommé le Grand, ne fut point trompé dans ses espérances. Le succès répondit à son attente. Il obtint les plus heureux résultats des encouragemens prodigués au commerce. Par-là, il lui donna l'essor : l'esprit et le goût s'en répandirent dans toutes les classes de la nation. La noblesse fut déclarée ne pas déroger en s'y livrant. Elle y prit une part très-active et très-utile à ses intérêts.

Louis XIV jeta ainsi les bases des principales villes maritimes et de commerce de France, et celles de l'opulence à laquelle elles s'élevèrent, et qui s'étendit aux villes secondaires et à la capitale. Ces richesses nationales ont disparu, de même qu'une grande partie des ressources que possédait la France pour les obtenir. Il ne lui reste que des débris d'une si grande fortune, dont elle doit tirer le meilleur parti possible.

Le privilége de la compagnie des Indes orientales et de la Chine ayant été suspendu par arrêt du Conseil d'État du Roi, du 13 août 1669, pour permettre à tous les Français de faire librement ce commerce, fut rétabli en faveur d'une nouvelle compagnie, le 14 avril 1785. On revint aux bonnes et sages maximes auxquelles la compagnie devait son existence, et dont l'expérience avait démontré la sagesse.

L'arrêt qui renouvelle la société et le privilége, en expose les motifs. On y découvre les causes principales des pertes éprouvées par l'ancienne, et il y est remédié par des modifications aux attributions de la nouvelle.

Il fut reconnu, dans l'expositif qui précède l'arrêt, que du résultat des exportations du royaume et des retours d'Asie, depuis la suspension, la concurrence, utile pour d'autres branches de commerce, ne pouvait qu'être nuisible dans celle-ci ; que l'expérience avait fait voir que les cargaisons d'Europe n'étant pas combinées entre elles, ni proportionnées aux besoins des lieux de leur destination, s'y vendaient à bas prix, tandis que le concours des sujets de Sa

Majesté, dans les marchés de l'Inde, y surhaussait le prix des achats. Que les importations en retour, composées de marchandises de mêmes espèces, sans mesure ni assortiment, avec excès dans quelques articles, et manque total sur d'autres, étaient aussi désavantageuses aux négocians, qu'insuffisantes pour l'approvisionnement du royaume; qu'à ces inconvéniens, résultant du défaut d'ensemble, se joignait l'impossibilité que des particuliers aient des moyens assez étendus pour soutenir les hasards d'un commerce aussi éloigné, et les longues avances qu'il exige; que Sa Majesté s'était convaincue qu'il n'y avait qu'une compagnie privilégiée qui, par ses ressources et son crédit, et l'appui d'une protection particulière, pût faire utilement le commerce des Indes et de la Chine; que, d'un autre côté, les soins politiques, les frais de souveraineté et les gênes d'une administration trop compliquée, ayant été les principales causes des pertes que l'ancienne compagnie a souffertes, il parut convenable que la nouvelle en fût entièrement dégagée, que rien ne pût distraire ni son attention, ni ses fonds de l'objet de son commerce, et qu'elle fût régie, librement, par ses propres intéressés. On s'occupa, en même temps, de conserver aux îles de France et de Bourbon tous les avantages compatibles avec l'exercice du privilége qui fonde l'existence d'une compagnie.

Cet exposé de raisons si puissantes semble avoir été écrit pour l'époque présente, comme pour le temps auquel on en fit l'application. En matière de commerce et d'économie politique, c'est toujours l'expérience qu'il faut prendre pour guide, afin de ne pas s'égarer; de même, il faut revenir au siècle de Louis XIV pour avoir des principes certains sur ces objets importans. C'est le siècle où la lumière parut avec le plus brillant éclat sur la France.

Nous avons été obligés de rappeler ces principes, qui nous servent de règle, afin d'éloigner toute idée d'innovation dans l'établissement des compagnies de commerce.

A l'expiration des privilèges de la compagnie des Indes occidentales, les diverses colonies situées aux Antilles rentrèrent dans la possession du Gouvernement. Elles furent régies directement au nom du Roi, et soumises à la coutume de Paris. Le commerce en fut ouvert à tous les Français. Cet état de choses s'est maintenu même pendant la révolution : il subsiste encore aujourd'hui aux îles de la Martinique et de la Guadeloupe.

On doit, particulièrement, à l'administration

de cette compagnie, qui succéda au régime des flibustiers et des boucaniers et à celui de quelques avanturiers, hommes de mérite et de génie, qui devinrent propriétaires et seigneurs de ces colonies, le commencement de leur prospérité; elles furent, pour ainsi dire, fondées, peuplées et cultivées par les soins de la compagnie. L'ordre remplaça le désordre et l'anarchie inséparables de la situation où elles se trouvaient. Elle fit des avances en argent, en approvisionnemens et en nègres à tous ceux qui voulurent s'y fixer, défricher et cultiver les terres. Les progrès que ces mesures obtinrent furent très-rapides. Ils excitèrent bientôt la jalousie des autres États. Le concours du Gouvernement devint nécessaire pour les protéger et les défendre. La France avait alors une marine puissante: elle fut employée spécialement à cet objet. Ces motifs étaient plus que suffisans pour faire passer ces colonies sous son administration. Elles acquirent, il est vrai, par ce passage de l'autorité de la compagnie à celle du Roi, de nouveaux encouragemens. Pour s'attacher les habitans, on leur accorda des concessions honorifiques: mais elles éprouvèrent aussi toutes les chances des diverses guerres auxquelles l'établissement des Européens, dans les deux Indes, donna successivement lieu. Le Gouvernement de France s'épuisait en dépenses pour les soutenir. Nous avons vu les essais qu'il fit, par la suite, pour en alléger le poids.

Maintenant, si nous comparons la position actuelle de la France avec celle où elle se trouvait lorsqu'elle établit ces sociétés de commerce, il sera démontré que, non-seulement elle ne peut rien faire de mieux, mais encore qu'elle y est essentiellement intéressée à l'égard de Saint-Domingue.

C'est une colonie qu'il faut ménager, occuper, et entièrement refaire, pour la rendre à l'agriculture et profitable au commerce.

Nous avons encore combiné cet établissement avec les ressources financières du royaume, dans le dessein de les améliorer sensiblement.

En effet, la France s'obère par les contributions de guerre qu'elle est obligée de payer. Elle ne pourrait y pourvoir par la suite, si elle n'en cherche les moyens par le commerce et par les faveurs qu'elle doit, en même temps, lui accorder.

Les meilleurs plans de finances d'un grand État épuisé et sans commerce, ne sont autre chose qu'un calcul de répartition de ce que chaque contribuable doit fournir à la masse, et auquel on ajoute, chaque année, le déficit de l'année écoulée. Mais cette ressource unique appauvrit de plus en plus l'État, en ruinant les particuliers. Dans des embarras semblables à ceux qu'éprouve la France, il faut, pour en sortir, que le Gouvernement s'ouvre des ressources au dehors, que la base de ses finances repose sur l'amélioration des fortunes individuelles, par le concours du commerce, l'écoulement des produits des manufactures et de l'agriculture, et les facilités que ces moyens procurent à toutes les classes de la société pour travailler et vivre.

Nous appuierons encore ces réflexions des motifs qui, sous Louis XVI, déterminèrent l'établissement des compagnies de commerce.

« Et d'autant, porte le préambule de l'ordon-
» nance royale du mois d'août 1664, que nous
» connaissons clairement que, la félicité des peu-
» ples consiste, non-seulement, en la diminution
» considérable des impositions que nous leur
» avons accordées depuis deux ou trois années,
» mais beaucoup plus au rétablissement du com-
» merce de notre royaume, par le moyen duquel
» seul l'abondance peut être attirée au dedans et
» servir non au luxe et à la profusion d'un petit
» nombre, comme celle qui provenait, ci-devant,
» de la disposition de nos finances, mais à se ré-
» pandre sur le général des peuples au moyen
» des manufactures, de la consommation des den-
» rées et de l'emploi d'une infinité de personnes
» de tous âges et sexes que le commerce produit,
» ce qui concilie, fort heureusement, l'abondance

» des biens temporels avec celle des spirituels : » vu, que par le travail assidu, les peuples sont » éloignés de toutes occasions de mal faire, insé- » parables de la fénéantise. Entre tous les moyens » que nous avons souvent examinés pour parve- » nir à une si bonne fin, et après avoir fait plu- » sieurs réflexions sur une matière de si grande » étendue, nous nous sommes principalement at- » taché au commerce qui provient des voyages » de long cours, étant certain, et par le raisonne- » ment ordinaire et naturel, et par l'expérience » de nos voisins, que le profit surpasse infiniment » la peine et le travail que l'on prend à pénétrer » dans des pays si éloignés : ce qui est, de plus, » entièrement conforme au génie et à la gloire de » notre nation, et à l'avantage qu'elle a par-des- » sus toutes les autres, de réussir avec facilité en » tout ce qu'elle veut entreprendre. C'est ce qui » nous aurait obligé d'employer tous nos soins à » l'établissement d'une compagnie puissante pour » faire le commerce des Indes orientales ».

L'autorité de deux grands Rois, en faveur du projet que nous proposons, semble commander le silence à toutes les oppositions qu'il pourrait rencontrer.

Les circonstances ne sont pas changées, quoique l'époque soit différente. Elles ne varient que sous le rapport des lieux pour lesquels nous asfectons cet établissement, et du but particulier auquel il doit concourir.

Ce changement de situation exige, sans doute, des modifications très-considérables dans le mode d'exécution et les attributions de la compagnie : mais les bases principales restent les mêmes que dans les anciens édits concernant ces sociétés.

ORGANISATION

DE LA COMPAGNIE DE COMMERCE

PROJETTÉE

POUR SAINT-DOMINGUE.

CHAPITRE II.

Privilége à accorder à la compagnie, et sa durée : force en bâtimens armés et en troupes de terre, et première mise de fonds estimés lui être nécessaires.

LA compagnie, pour conduire cette entreprise avec succès, devrait jouir du privilége exclusif de faire le commerce de Saint-Domingue. Sans ce privilége, elle ne pourrait atteindre le but de sa destination.

Il lui faut un capital assez considérable pour le proportionner aux dépenses qu'elle serait obligée de faire, et qu'exigeraient ses premières expéditions.

Il manque, à cette colonie, des ouvriers en

tous genres. Il y manque des officiers de santé, et notamment des ministres de la religion.

Le premier soin de la compagnie serait de rétablir, dans la colonie, les propriétés et les diverses usines, par conséquent d'y porter les matériaux nécessaires à cet objet. Elle aurait à faire l'acquisition d'un certain nombre de bâtimens de transport et de bâtimens armés pour défendre et protéger son commerce, et, enfin, à composer ses cargaisons de tous les articles utiles à la colonie.

La compagnie aurait à lever et à entretenir à sa solde, indépendamment des marins, une force de terre que nous porterons au plus bas, et à employer beaucoup de personnes.

On estime que la force de mer pourrait être de douze bâtimens, dont

2 de 24 pièces de canon de 18 liv. de balle.
4 de 18 *idem*......... de 12.
6 autres petits bâtimens armés d'un plus petit calibre.

Six mille hommes d'infanterie et deux compagnies d'artillerie à pied seraient suffisans pour tenir garnison dans les places cédées. Ces six mille hommes seraient organisés en six régimens de mille hommes.

Dans aucun cas, ce corps de troupes ne pourrait être augmenté sans de nouvelles lettres patentes.

Ainsi, bornant ses forces à ce nombre, elles ne sauraient exciter aucune inquiétude ni au dedans de la colonie, ni au dehors. Elles n'auraient, d'ailleurs, d'autre objet que de mettre la compagnie à l'abri de toute insulte inopinée.

Pour subvenir à ces dépenses premières et au fonds de réserve que la compagnie devrait posséder, à l'effet de parer aux événemens éventuels, nous estimons que le capital à composer, par action, devrait être de 20 millions, et le privilége de la compagnie de 20 années de paix, à compter de la première expédition.

Cette somme est énorme, sans doute, aujourd'hui; elle ne pourrait être remplie qu'en appelant tous les Français, sans distinction de rang, ainsi que les étrangers, à s'intéresser dans la compagnie. Les 20 millions seraient divisés en 20 mille actions, de mille francs l'action.

M. le duc de Lévis proposa, en 1814, à la Chambre des Pairs (1), d'autoriser les propriétaires de cette île à ouvrir un emprunt de 15 millions, affectés aux frais qu'occasionnerait la reprise de possession de la colonie.

L'emprunt devait être versé dans la caisse du trésorier de la marine. Le mode de remboursement, par lesdits propriétaires, était déterminé.

(1) Opinion que nous avons déjà citée.

Le Gouvernement aurait fait le reste des fonds. Il s'agissait d'opérer sur un autre plan que celui que nous présentons.

Nous avons suivi, à peu près, les bases posées par le noble pair, dans l'évaluation du capital nécessaire à la compagnie.

CHAPITRE III.

Encouragemens à accorder aux actionnaires nationaux et étrangers.

Les actionnaires devraient jouir des mêmes encouragemens que leur accordaient les anciens édits portant établissement de ces compagnies de commerce. Il y a même des avantages certains à les étendre.

Les actionnaires français et étrangers, depuis vingt jusqu'à vingt-cinq actions, auraient le droit d'assister aux assemblées générales de la compagnie: ils y auraient voix délibérative. Ils concourraient également aux places de directeurs.

Les actionnaires étrangers de vingt-cinq à trente actions seraient réputés régnicoles et Français pendant le temps qu'ils demeureraient intéressés pour le même nombre d'actions en ladite compagnie.

Après le temps de cinq années expirées, et de continuation du même intérêt, ils jouiraient, s'ils établissaient leur residence en France, des droits de citoyens français, sans avoir besoin de lettres de naturalité.

On pourrait encore examiner la question de savoir si, devant favoriser l'industrie et l'émission des fortunes en porte-feuilles, on ne tendrait pas directement à ce but en appelant les actionnaires nationaux possédant un nombre déterminé d'actions, soit à voter dans les assemblées électorales, soit à leur donner la qualité d'éligibles à la Chambre des Députés.

On peut considérer que des capitalistes qui concourent au succès d'une grande opération nationale, méritent de jouir de tous les droits attachés à la qualité de propriétaires.

Comme c'est par le commerce qu'on doit espérer aujourd'hui de rétablir les affaires, il importe de faire participer ceux qui s'y livrent, bien qu'ils ne les recherchent pas, de toutes les faveurs dont ils sont susceptibles.

On voit déjà, avec satisfaction, que le ministère s'est occupé d'appeler la sollicitude du Roi sur la classe précieuse des manufacturiers et des négocians du royaume, en leur accordant des marques particulières de distinctions honorables.

Au surplus, les titres honorifiques leur ont été assignés dans tous les temps (1) : il faut ennoblir une profession qui est un des pivots sur lesquels

(1) Art. XLVII de la déclaration de 1664.

pose la richesse des États. L'expectative de la pairie pourrait être donnée à ceux des membres de la compagnie qui se seraient le plus éminemment distingués par leur confiance dans cette entreprise, et par les hautes charges qu'ils y auraient exercées.

CHAPITRE IV.

Garantie des intérêts des actionnaires.

Les actions de la compagnie, les parts et portions de dividende devant être réputées insaisissables, elles auraient, entre les mains des porteurs, les mêmes effets que les inscriptions au grand-livre de la dette publique.

Les créanciers des actionnaires auraient néanmoins le droit de faire saisir, entre les mains du caissier-général de la compagnie, les parts seulement d'intérêt ou les dividendes appartenant aux actionnaires débiteurs.

De même le Gouvernement ne pourrait, dans aucun cas, et pour telle cause que ce fût, disposer, saisir, confisquer les actions de la compagnie, parts et portions des dividendes, appartenant aux intéressés, soit nationaux, soit étrangers, et quand même ces derniers seraient sujets de princes et États avec lesquels la France pourrait entrer en guerre (1).

Les 20 millions de fonds, fournis par les inté-

(1) Art. IV de l'édit du mois d'août 1664.

ressés, seraient affectés et hypothéqués, par privilége spécial, à tous les engagemens contractés par la compagnie (1).

(1) Art. XXI de l'arrêt du Conseil d'État du Roi, du 24 avril 1785.

On pourrait ajouter l'art. XXXII du même arrêt.

CHAPITRE V.

Formation et organisation de la compagnie de commerce de Saint-Domingue.

On propose de faire administrer et régir les affaires de la compagnie par une direction générale composée de vingt-un membres, sous le titre de *Cour des Directeurs de la Compagnie de commerce de Saint-Domingue.*

Il a paru convenable, d'après les attributions dont elle serait investie, de revêtir cette société d'un grand caractère, à l'imitation de celle d'Angleterre (1).

Un conseil général de cinquante membres examinerait les comptes généraux et particuliers de la cour des directeurs, à des époques fixées. Pour le surplus des affaires soumises au conseil, les décisions seraient prises à la majorité des voix des membres présens.

La cour des directeurs aurait l'autorité suprême d'ordonner toutes les recettes et les dépenses de la

(1) L'édit de 1664 compose la direction du même nombre de membres, et l'arrêt de 1785, de douze administrateurs, qui furent élus de droit en fournissant individuellement une somme de 500,000 fr.

compagnie, de régir et administrer toutes les affaires, d'acheter et de vendre. Elle aurait la nomination de tous les agens, de pourvoir généralement à tous les emplois, et de révoquer les titulaires à volonté. Elle arrêterait l'état des recettes et des dépenses, et les dividendes résultant des bénéfices de ladite compagnie.

Néanmoins, ces états de recettes et de dépenses, ainsi que les parts de dividendes, pour chaque semestre ou pour chaque année, divisés par intérêt de chaque action, passeraient, préalablement, à l'examen du conseil-général, et, d'après son approbation, ils seraient rendus publics par la cour des directeurs.

Les directeurs seraient, d'ailleurs, tenus de se conformer aux décisions arrêtées dans les assemblées générales, et d'établir la direction la plus sûre et la plus économique.

Une direction particulière, de neuf membres, serait également établie dans chacun des grands ports du commerce, sous l'autorité de la direction générale, pour être chargée des opérations que celle-ci lui confierait, de même que pour veiller aux intérêts des actionnaires.

La cour des directeurs pourrait être composée ainsi qu'il suit, savoir :

1 Régent, président.

1 Censeur.

1 Contrôleur des recettes.
1 *Idem* des dépenses.
5 Proviseurs aux achats.
5 Proviseurs aux ventes.
4 Commissaires chargés des intérêts des propriétaires à Saint-Domingue.
1 Commissaire chargé des armemens.
1 *Idem* chargé des forces de terre.
1 Caissier-général.

Les délibérations de la cour des directeurs seraient toujours arrêtées à la pluralité des voix. En cas de partage, la voix du régent serait prépondérante.

Le censeur présiderait en l'absence du régent.

Ladite compagnie dresserait et arrêterait, au surplus, tels statuts et réglemens qu'elle jugerait convenables à la conduite et régie de son commerce ; l'ordre et la sûreté des intérêts qui lui seraient confiés, ainsi que pour son régime intérieur, tant en Europe qu'à Saint-Domingue.

CHAPITRE VI.

Mode de souscription des actions, d'élection des directeurs-généraux et particuliers, et de versement des sommes souscrites.

DANS chaque ville maritime et de commerce du royaume il serait ouvert, à la municipalité, une liste double servant à inscrire les noms des souscripteurs et le nombre d'actions qu'ils souscriraient et signeraient.

Une de ces listes serait arrêtée par le maire et le greffier, adressée au ministre de l'intérieur, et rendue publique. L'autre resterait déposée au greffe.

De la réunion de ces listes il en serait formé une particulière, des actionnaires de vingt à quarante actions, par son excellence le ministre, pour composer l'assemblée générale, les directions particulières et la cour des directeurs.

Le nombre d'actions formerait le titre de chaque souscripteur pour être placé dans l'une de ces trois branches de l'administration générale de la compagnie.

Toutefois, s'il se présentait des souscripteurs

pour couvrir la moitié ou les deux tiers de la mise des fonds de la compagnie, ces capitalistes formeraient, de droit, la cour des directeurs, dont l'installation aurait lieu immédiatement, pour commencer les opérations et les suivre.

Le versement de la moitié des actions souscrites s'effectuerait, dans un délai fixé, entre les mains d'un caissier particulier, choisi par les actionnaires dans chaque arrondissement municipal.

Ce caissier particulier verserait, sur récépissé, le montant des sommes perçues par lui, au caissier-général de la compagnie, aussitôt sa nomination.

L'autre moitié des fonds, provenant desdites souscriptions, serait versée à la caisse générale, à fur et à mesure que les opérations de la compagnie l'exigeraient.

Le caissier-général fournirait des reconnaissances provisoires des sommes reçues en paiement des actions délivrées par lui.

Ce mode de souscription a paru plus simple, et avoir une exécution plus prompte que ceux suivis jusqu'à ce jour dans ces sortes d'opérations. Il désigne, en même temps, les actionnaires qui doivent remplir les différentes charges dans l'administration de la compagnie. Aucun des intéressés ne pourrait se plaindre. Ce sont les plus forts actionnaires qui régissent les affaires générales, ce qui est naturel. Ceux-ci ont un intérêt réel à les bien gérer, et il est à croire que ces directions se composeraient de banquiers ou négocians seuls en état de les conduire pour le plus grand avantage de tous.

CHAPITRE VII.

Établissement d'un commissaire-général du Roi près la cour des directeurs de la compagnie.

L'INSTITUTION d'un commissaire du Roi près la direction générale serait nécessaire pour la plus grande garantie des intérêts des actionnaires, et pour donner aux opérations de la compagnie une régularisation désirable.

Le commissaire-général serait chargé de maintenir et de requérir l'exécution du statut créateur de la compagnie, et des nouveaux rapports établis avec Saint-Domingue, celle des lois maritimes, militaires et commerciales en vigueur, et d'autres dispositions qui pourraient être prises.

Il recevrait les plaintes et réclamations qui pourraient s'élever contre les directions générales et particulières, ou contre les agens de la compagnie. Il en demanderait et poursuivrait le redressement, s'il y avait lieu. Il en référerait au ministre, dans le cas où ce référé deviendrait nécessaire.

Il est essentiel d'éviter, dans de telles circonstances, qu'aucune démarche ne puisse compromettre le Gouvernement envers les étrangers, ni envers Saint-Domingue, qu'il importe de gagner par la confiance et par la loyauté la plus scrupuleuse. Et si le Gouvernement ne peut ni ne doit s'immiscer dans ce qui touche aux fonds et aux intérêts de la compagnie, tout lui commande d'y avoir un surveillant qui assure l'exécution de ses dispositions, et qui lui serve d'intermédiaire avec ladite compagnie.

CHAPITRE VIII.

Installation de la Cour des directeurs de la compagnie.

La cour des directeurs résiderait à Paris, comme le centre des opérations de la compagnie. Le Gouvernement pourrait lui céder, gratuitement, ainsi qu'il a toujours été d'usage, un hôtel pour y tenir ses assemblées et les bureaux de la direction. Elle devrait être installée par un des Princes du sang, accompagné des ministres et des principaux officiers de l'État et de la couronne.

Les membres de ladite cour des directeurs seraient préalablement admis à prêter, individuellement, entre les mains du Roi, le serment ci-après :

« Je jure fidélité au Roi, comme mon légitime » souverain. Je jure de me renfermer dans les » dispositions du statut qui a créé la compagnie » de commerce pour Saint-Domingue, et fixé » les rapports entre elle et cette colonie. Je jure » de ne donner, ni signer aucun ordre, aucune » instruction qui y soit contraire; de respecter et » faire respecter le pavillon de toutes les puis-

» sances avec lesquelles le Roi est en paix et al» liance ; de leur prêter aide et assistance au be» soin. Je jure de gérer et faire gérer fidèlement, » et en bon père de famille, les intérêts de la » compagnie et ceux des propriétaires de Saint» Domingue. »

On a cru ne devoir négliger aucune précaution capable de faire naître et fortifier la confiance en faveur de cette société.

CHAPITRE IX.

Désignation de la ville de Bordeaux pour être le siége du commerce de la compagnie.

L'on a reconnu l'utilité de fixer un port de France pour être le siége du commerce de la compagnie, et où se feraient les armemens, expéditions, chargemens, désarmemens, déchargemens et ventes. Celui de Bordeaux a paru le plus convenable, et réunir tous les avantages : d'abord, sous le rapport de sa situation topographique, et ensuite sous beaucoup d'autres qui déterminent ce choix.

Quoique toutes les villes maritimes de France aient montré des principes de sagesse et de modération dans les événemens de Saint-Domingue, Bordeaux en a fait éclater qui étaient plus particulièrement favorables à cette colonie; ils forment, aujourd'hui, un titre à ce que son commerce y soit préférablement accueilli.

CHAPITRE X.

Cession par le Gouvernement des édifices qu'il possède à Bordeaux, et des bâtimens de mer utiles à la compagnie.

PAR les anciennes ordonnances, la compagnie des Indes avait été mise en possession, à Lorient, pendant le temps de la durée de son privilége, des hôtels, magasins, chantiers de constructions, corderies, etc., nécessaires à ladite compagnie (1). On propose de faire la même cession à la société nouvelle, pour le temps de son privilége.

Si l'on parcourt les édits de 1664, on verra l'étendue des concessions d'encouragement accordées aux compagnies formées à cette époque. Le Roi, non-seulement entrait pour le dixième des fonds qui leur étaient nécessaires, mais S. M. payait encore une prime d'encouragement de 30, 40 et 70 francs par tonneaux de chaque bâtiment expédié, et la même somme pour le retour. On ne réclame pas la même faveur, en cette circonstance, on se borne à solliciter la même protection.

(1) Art. XXXV, édit de 1785.

CHAPITRE XI.

Privilége exclusif accordé à la compagnie.

Il n'existe point de compagnie de commerce sans privilége exclusif. Ainsi, il serait défendu à tous les Français de faire, pendant la durée du privilége accordé à celle-ci, aucun commerce avec les Gouvernemens coloniaux de la partie française de Saint-Domingue. Il serait prononcé, à son profit, la confiscation des marchandises, vivres, munitions et autres effets chargés sur lesdits navires. De même toutes les marchandises venant de la colonie, arrivant en France sur des navires autres que ceux de la compagnie, ou qu'elle aurait autorisés ou frétés, seraient confisqués à son profit (1).

Les habitans de la colonie auraient, néanmoins, la faculté de faire le commerce de la côte ou celui du cabotage, et même de charger et commander des bâtimens pour les ports de France, munis de passeports de la compagnie, que, sous aucun prétexte, elle ne pourrait refuser.

Peut-être devrait-on stipuler la réserve que si,

(1) Art. XXVII, déclaration de 1664.

après un temps donné d'exercice par la compagnie, la colonie ou le commerce de France réclamait d'y faire intervenir, indistinctement, tous les Français, il pourrait être fait droit à ces réclamations, jugées en conseil d'État, après avoir entendu la cour des directeurs; en conservant toutefois à la compagnie ses places et comptoirs, comme l'administration des biens des propriétaires, dont elle resterait chargée.

La compagnie, d'un autre côté, ne pourrait faire, par ses bâtimens, directement ou indirectement, aucun commerce avec les îles de la Martinique et de la Guadeloupe; mais elle serait autorisée à l'étendre, en s'ouvrant de nouveaux débouchés au dehors, autant que la prudence et ses intérêts le permettraient.

On pourrait, peut-être, étendre son privilége au commerce de l'Inde, dans les possessions restant à la France dans ces mers. L'île de Bourbon en deviendrait le centre. Le Gouvernement serait déchargé de toutes dépenses concernant lesdites possessions. Pour se convaincre de l'utilité de la mesure, il ne faut que relire le préambule de l'édit de Louis XVI, de 1785.

CHAPITRE XII.

Tribut de la compagnie envers le Roi, comme relevant de la couronne.

A titre de tribut, de foi et hommage pour les îles, places et territoires cédés à la compagnie de Saint-Domingue, pendant la durée de son privilége, ladite compagnie offrirait au Roi une couronne et un sceptre d'or du poids de 30 marcs ou 7 kilogrammes et demi. Cet hommage serait renouvelé à chaque avènement de ses successeurs au trône.

C'est un ancien usage, que nous croyons devoir rétablir par de puissantes considérations (1).

(1) Art. 24 de la déclaration du Roi, de 1664.

CHAPITRE XIII.

Fixation des droits à percevoir sur les denrées et marchandises expédiées de France pour Saint-Domingue, et pour les denrées et marchandises exportées de Saint-Domingue en France, chargées sur les bâtimens de la compagnie.

Les marchandises et denrées de toute nature, à leur sortie du port de France, pour Saint-Domingue, ainsi que celles importées en retour, provenant de cette île, devraient payer les mêmes droits que les denrées et marchandises, chargées à bord des bâtimens particuliers, revenant des autres colonies françaises.

Les marchandises et denrées provenant des colonies étrangères, introduites en France par les bâtimens de la compagnie, seraient soumises aux droits fixés pour celles importées dans le royaume par des bâtimens étrangers.

Les droits, tant à l'entrée dans les ports de la colonie qu'à leur sortie, sur les denrées et marchandises, pour le compte de la compagnie, seraient les mêmes que ceux fixés anciennement par le domaine français, et connus sous la dénomination de *droits d'Occident*, et perçus au profit des deux Gouvernemens coloniaux, dans les ports et rades qui en dépendent.

Comme la compagnie contracterait l'obligation de pourvoir à tous les besoins de Saint-Domingue et aux approvisionnemens de toute nature, dans le cas de quelque retard dans les expéditions ou d'empêchement forcé, le gouverneur, pour la compagnie, s'entendrait avec les Gouvernemens coloniaux, et réglerait, d'un commun accord, l'introduction des marchandises et denrées étrangères que les circonstances rendraient nécessaires, en prenant pour bases les lois et réglemens français sur cette matière.

Les bâtimens de commerce étranger, en charge ou en déchargement dans lesdits ports de la colonie, même dans ceux cédés à la compagnie, auraient un délai fixé pour continuer et terminer leurs opérations commerciales sur le pied actuel. Les négocians, armateurs du commerce et autres, ne pourraient être troublés ni inquiétés.

Dans tous les cas, si ceux-ci y consentaient, la compagnie pourrait être autorisée à traiter avec eux pour la suite desdites opérations et remises des fonds restant à percevoir ou a liquider.

Ladite compagnie ne pourrait être tenue d'armer aucun de ses bâtimens en guerre, ni faire aucun transport d'hommes ou d'effets pour le compte du Gouvernement.

Afin de faciliter la compagnie, il devrait lui être accordé, pendant les cinq premières années de son privilége, l'exemption de tous droits d'entrée à Bordeaux, pour les bois, chanvres, fer, cordages et autres objets nécessaires à la construction et avitaillement de ses vaisseaux, d'après des règles établies pour prévenir les abus (1).

(1) Art XLIII de la déclaration du Roi, de 1664.

CHAPITRE XIV.

Application des lois du royaume aux personnes attachées à la compagnie, et aux affaires litigieuses qui la concerneraient

---

Les lois civiles et pénales de la marine royale, et celles concernant le commerce maritime, régleraient tout ce qui a rapport à l'avancement et à la discipline, soit à bord des bâtimens, soit parmi les troupes stationnées ou en mer, ainsi que les affaires litigieuses entre les particuliers et la compagnie, et entre les membres de ladite compagnie.

Les officiers de terre et de mer, soldats et marins au service de la compagnie, jouiraient des mêmes droits, avancement et pension de retraite que ceux des officiers de terre et de mer, soldats et marins au service du Roi; bien entendu que les services antérieurs leur seraient comptés.

A cet effet, il pourrait être fait un fonds de retenue sur chaque traitement, appointemens et gages de tous les employés de la compagnie, pour être affectés au paiement des pensions, et ce fonds versé dans la caisse d'amortissement.

Les officiers de terre et de mer, de tels grades qu'ils soient, en non activité ou en retraite, seraient préférablement choisis pour être employés au service de la compagnie, à l'exclusion, cependant, de tous ceux qui ont fait partie de l'expédition, à moins de justifier avoir été déportés. Cet article est de rigueur pour toutes les mesures qu'on peut prendre, relatives à cette colonie, sans quoi il faut y renoncer.

La coutume de Paris régissant anciennement les colonies, le code français, civil et pénal, serait mis en vigueur dans les villes, places, forts et îles cédés à la compagnie, laquelle aurait la nomination des juges. L'administration de la justice s'y rendrait au nom du Roi (1).

Les recours en cassation seraient portés provisoirement à la cour de cassation à Paris.

(1) Art. XXXIII, déclaration de 1664.

CHAPITRE XV.

Formation et organisation du corps de troupes au service de la compagnie.

La compagnie pourrait être autorisée à recruter le nombre d'hommes qui lui est assigné, dans toute l'étendue du royaume, et à avoir des dépôts dans les communes et villes qui lui seraient désignées.

Le ministre de la marine et des colonies pourrait être chargé de former les cadres de ces corps; la cour des directeurs lui présenterait les commandans et officiers, et, sur cette présentation, le ministre leur ferait expédier les brevets nécessaires.

Le corps de six mille hommes serait divisé en six régimens, qui porteraient les noms des six principaux ports marchands du royaume. Ils auraient un uniforme particulier. Le Roi leur donnerait un drapeau.

La solde de ces troupes serait la même que celle des troupes royales employées dans les autres colonies.

CHAPITRE XVI.

Du Gouvernement et de l'administration de la compagnie, à Saint-Domingue.

LA compagnie serait représentée, à Saint-Domingue, par un gouverneur civil, commandant les îles, villes, places, etc. qui doivent être remises à ladite compagnie. Il établirait sa résidence au Port-de-Paix.

Il exercerait la même autorité sur le civil, les militaires, marins et employés de la compagnie, que la cour des directeurs à Paris, et sous ses ordres directs.

Il aurait l'administration supérieure des affaires de la compagnie.

Il devrait être assisté d'un conseil de cinq membres pour la partie des fonctions administratives et du commerce de la compagnie.

En cas de partage d'opinions, dans les délibérations, celle du gouverneur serait suivie, et ses ordres exécutés en motivant son avis.

Au gouverneur seul appartiendrait la correspondance avec les chefs des Gouvernemens coloniaux de l'île et avec la direction générale, à

Paris : il s'aboucherait et s'entendrait avec lesdits Gouvernemens pour tout ce qui concerne les affaires de la compagnie et les intérêts des propriétaires.

Il y aurait des commandans civils et particuliers dans les villes, places et forts dont il a été question : ils exerceraient, sous les ordres du gouverneur, la même surveillance quant à l'administration des affaires de la compagnie et le commandement des troupes.

En cas de décès du gouverneur, ou d'empêchement dans ses fonctions, il serait pourvu à son remplacement provisoire par le conseil, en choisissant parmi les commandans particuliers, sans avoir égard à l'ancienneté.

Ledit gouverneur ne pourrait jamais être pourvu, dans le commandement, que pour trois années révolues, après lesquelles il serait remplacé, obligé de repasser en France et de rendre un compte public de sa gestion.

Le gouverneur, les commandans particuliers et les membres du conseil seraient à la nomination du Roi, sur la présentation de la cour des directeurs, et révocables à sa volonté. Il leur serait accordé toutes lettres de provisions à ce nécessaires. Ils seraient admis à prêter, entre les mains de Sa Majesté, le même serment que les membres de la cour des directeurs.

Lesdits gouverneur, commandans particuliers, membres du conseil et autres agens et employés pour la compagnie, pourraient être accusés et traduits en jugement, devant les tribunaux ordinaires, à la requète du commissaire-général, près la cour des directeurs, pour forfaitures, malversations, abus de pouvoir, violation du présent statut, et autres délits déterminés par les lois civiles, pénales et militaires, et de la même manière que si ces délits regardaient le service du Roi et les intérêts de l'État.

CHAPITRE XVII.

De l'intervention de la compagnie pour gérer et suivre les intérêts des propriétaires, auprès des chefs de la colonie, et des fermiers de leurs biens.

La compagnie représenterait tous les propriétaires, à Saint-Domingue, absens de cette colonie. Ceux-ci remettraient, à ladite compagnie, les pouvoirs nécessaires d'agir en leurs noms dans tout ce qui concerne leurs affaires, soit pour la réclamation et gestion de leurs terres, maisons et usines, les faire valoir, en percevoir les revenus ou le fermage, soit pour procéder à la vente desdites propriétés, suivant ce qu'ils aviseraient être le plus utile à leurs intérêts.

Les tuteurs et curateurs seraient autorisés à remettre les mêmes pouvoirs à la compagnie, pour les intérêts des mineurs dont ils sont chargés. La compagnie serait, dans ce cas, subrogée tutrice desdits mineurs, avec les mêmes charges de responsabilité. Elle le deviendrait d'office pour ceux des biens non réclamés dans la colonie, et pour ceux dont les propriétaires n'auraient pas remis leur procuration à ladite compagnie, c'est-à-dire, à la cour des directeurs à Paris ou des directeurs particuliers dans les villes maritimes où il en serait établi.

Les propriétaires auraient soin de désigner, avec précision, la nature de leurs propriétés, et d'y joindre tous les renseignemens utiles.

La compagnie entretiendrait un agent supérieur auprès de chacun des Gouvernemens coloniaux, à la nomination des directeurs. Ils correspondraient avec le gouverneur civil: ils recevraient ses ordres et instructions.

La mission desdits agens aurait, spécialement, pour objet, de suivre auprès desdits Gouvernemens de la colonie, les réclamations et intérêts des propriétaires, la mise en possession des propriétés, la surveillance des cultures et la perception des revenus en argent ou en denrées, soit que lesdits biens restent affermés, soit que la compagnie les fasse valoir.

Enfin, lesdits agens interviendraient dans tous les objets qui intéressent le commerce de la compagnie et ses opérations: ils rempliraient, dans les affaires qui en ressortent, les fonctions consulaires. Il pourrait être établi, suivant les besoins du service, des sous-agens dans les divers ports dépendans des deux Gouvernemens coloniaux.

CHAPITRE XVIII.

Mode d'affermage et de vente des propriétés, à Saint-Domingue.

Les fermiers actuels, dont les baux ne seraient pas expirés, ne pourraient ni ne devraient être troublés. Ils conserveraient l'exploitation des biens, usines et maisons, pour le temps restant à courir. Mais il serait demandé, en faveur des propriétaires, qu'il leur fût tenu compte du prix auquel les fermages auraient été adjugés, à partir de l'époque où ils auraient cessé d'être payés aux Gouvernemens de la colonie.

Quant aux biens, en général, dont les baux seraient expirés ou prêts à l'être, il serait procédé à une nouvelle adjudication, soit devant le tribunal du lieu où lesdits biens sont situés, en présence et à la diligence d'un agent de la compagnie, soit au chef-lieu du gouverneur pour ladite compagnie, soit dans les autres places occupées par elle, et suivant que leur situation les en rapprocherait.

Les adjudications seraient toujours faites publiquement et en suivant les formes usitées par les lois du royaume, pour les biens vendus par le domaine.

L'estimation du prix de l'affermage annuel serait fixé sur le terme moyen des revenus en nature des trois dernières années : le prix de l'adjudication serait toujours stipulé en nature, désignation, qualité et poids des denrées (1).

Le gouverneur pour la compagnie s'entendrait avec les chefs du Gouvernement du pays, sur le mode le plus facile à suivre pour procéder à ces adjudications, pour régler les redevances dues auxdits Gouvernemens, en forme d'impositions foncières, non établies, et leur tenir lieu du prix de fermage qu'ils perçoivent.

Les fermiers devraient toujours être chargés d'acquitter ces redevances ou contributions établies sur les propriétés.

Ce mode d'adjudication pourrait être employé pour procéder aux ventes des biens, si les pro-

(1) On a cru devoir être plus exact en exprimant la clause des revenus en nature, et proposer de faire acquitter de la même manière le prix des baux, par la raison que celui des denrées coloniales est très-variable, qu'il peut singulièrement hausser par les soins d'un commerce régulier et d'une administration éclairée qui y verserait des fonds pour encourager et favoriser la culture.

Le cours de ces mêmes denrées en France fixerait les revenus des propriétaires; car il est à présumer que la compagnie les percevant en nature, en ferait le retour et la vente en France.

priétaires y donnaient leur consentement en y autorisant la compagnie.

On prendrait pour base de la valeur des immeubles la même proportion que celle appliquée aux fermages : elle serait calculée, en la multipliant par un nombre déterminé d'années de revenus. Nous ne saurions fixer ce nombre multiplicateur, dans la crainte de nous tromper. Les propriétés en terres, dans les îles, ayant une valeur qui varie suivant le nombre des cultivateurs, plus ou moins forts, jeunes ou vieux, qui sont employés à l'exploitation, les bestiaux qui en font partie, les usines qui en dépendent, l'état des bâtimens, la nature des denrées, et les chemins qui y conduisent. C'est aussi d'après ces données qu'on a pris le revenu en nature et en poids, produit dans les trois années précédentes, pour apprécier ladite valeur : toutefois elle peut beaucoup augmenter en quantités produites, malgré l'abolition de la traite, par des soins généreux en faveur des cultivateurs, les encouragemens donnés à la population, et des procédés nouveaux de culture, qu'on peut introduire pour suppléer le nombre des bras.

Afin de prévenir toutes contestations nuisibles à la paix intérieure, nous pensons qu'il serait convenable d'arrêter les réclamations qui pourraient être faites des revenus antérieurs par les propriétaires, et celles des fermiers ou acquéreurs, relatives à la valeur des réparations, améliorations et autres avances faites par eux sur lesdites propriétés. Il faudrait établir compensation entre les dépenses faites par les fermiers, les revenus qu'ils ont perçus pendant la jouissance, et ceux dont les propriétaires ont été privés ; par conséquent faire balance entre les réclamations des uns et des autres.

La compagnie étant purement commerciale, pourrait entrer en concurrence, tant pour l'affermage des propriétés diverses situées à Saint-Domingue, que pour leur acquisition, et traiter directement pour son compte avec les propriétaires, revendre, affermer lesdites propriétés, les faire valoir par elle-même, ainsi qu'elle trouverait convenable, sauf toutefois les réserves des mineurs s'il y en a.

CHAPITRE XIX.

Garantie des droits des mineurs et de ceux des créanciers sur les propriétés à Saint-Domingue.

PAR l'administration des biens des propriétaires situés à Saint-Domingue, confiée à la compagnie, et par celle de leur vente, qu'elle peut être autorisée à faire, on n'a pas entendu préjudicier en rien aux droits des mineurs et des créanciers ; ils restent dans toute leur force : ils acquièrent même une nouvelle garantie, avec l'espoir certain de les exercer. Le législateur se trouve encore, au moyen des dispositions prises, dégagé de l'obligation, sollicitée par la nécessité et par l'équité, d'en prendre chaque année de nouvelles pour accorder des sursis aux poursuites faites par lesdits créanciers contre leurs débiteurs.

On pourrait, toutefois, examiner la question de savoir,

1°. Si celles des créances ayant pour cause la vente d'esclaves faite à Saint-Domingue ne pourraient pas être considérées comme abolies et éteintes, par rapport aux circonstances particulières où se trouve cette colonie ;

2°. Si le gage de la chose vendue n'existant plus, et étant perdu par force majeure, le créancier, pour ladite valeur, conserve ou perd ses droits ;

3°. Si on peut contraindre un propriétaire d'acquitter une créance dont sa propriété est affectée, alors même qu'on lui enlève ladite propriété ;

4°. Si la chose, dans la présente hypothèse, ne périt pas également dans les mains du créancier comme dans celle du débiteur. *Res perit in domino*.

Cette question délicate, sur laquelle une décision législative deviendrait nécessaire, n'est point étrangère à la question politique que nous traitons : elle s'y lie par des ramifications infinies.

Les oppositions des créanciers seraient mises à la caisse générale de la cour des directeurs de la compagnie à Paris : elles y seraient reçues dans un délai fixé, et levées, suivant les formes réglées par les lois, et ce qui se pratique dans cette matière pour celles des oppositions faites au trésor royal.

Néanmoins ladite compagnie tiendrait compte d'un intérêt, au denier vingt, des sommes dont elle serait dépositaire, et cet intérêt cumulé au capital lors de la liquidation et remise de compte.

Si les oppositions affectaient la masse de la somme en dépôt, provenant du produit des revenus des biens des débiteurs à Saint-Domingue, par fermage ou par exploitation faite par la compagnie, il semblerait juste que les tribunaux fussent autorisés à assigner une portion d'intérêt ou des revenus, si la première était insuffisante, comme pension alimentaire, en faveur des créanciers ou des débiteurs, dans le cas où les parties seraient d'accord et réclameraient ce secours.

La compagnie serait responsable des valeurs en argent ou en denrées que ses agens toucheraient, en son nom, pour le compte des propriétaires à Saint-Domingue et des autres particuliers. Elle serait tenue par conséquent de faire couvrir par des assurances, autant qu'elle le pourrait, tous les risques de mer et de guerre de la compagnie, sans cependant que cette responsabilité pût s'étendre aux capitaux qui n'auraient pas été assurés, ou de toute autre perte provenant des assurances (1).

(1) Art. XXIX, arrêt du Conseil, de 1785.

CHAPITRE XX.

Bénéfices fixes alloués à ladite compagnie pour suivre et régler les intérêts des propriétaires à Saint-Domingue.

Il devrait être alloué à la compagnie, pour la gestion et administration des biens qu'elle ferait valoir au compte des propriétaires, une commission de vingt pour cent sur les revenus bruts (1).

Cette commission lui tiendrait lieu de tous droits, de frais, de courtage, d'emballage, d'emmagasinage, de coulage, de commis surveillans, gérans, et autres généralement quelconques qu'elle pourrait réclamer, indépendamment des avances qu'elle serait dans le cas de faire, pour améliorations, réparations faites auxdits biens, rétablissement des maisons et usines, et achats de toute nature.

(1) Anciennement les gérans percevaient 10 pour cent et sur les marchandises et sur les ventes de denrées; ils avaient en outre un traitement et des dépenses diverses. Ils étaient défrayés de toutes celles qui leur étaient personnelles par les propriétaires, ce qui fait monter la remise au même taux, et même plus haut, que celle que nous proposons d'allouer à la compagnie, qui, du reste, a à son compte tous les autres frais qu'elle pourrait être dans le cas de faire.

Il lui serait également alloué une remise de dix pour cent sur les sommes réalisées en France, provenant de l'affermage des terres, maisons et usines, soit en argent, soit en nature. Elle jouirait de la même commission sur les sommes résultant de la vente desdites propriétés.

Cette remise servirait à la couvrir de tous frais, de quelque nature qu'ils fussent. Moyennant ladite remise, la compagnie serait tenue de compter aux propriétaires le restant net des revenus de leurs biens.

Sur les produits des remises allouées à la compagnie, il serait fait une retenue de cinq centimes par franc, pour former un fonds de secours en faveur des propriétaires dont les biens ruinés ne pourraient être rétablis promptement, et pourvoir à l'éducation soignée et convenable des enfans des deux sexes desdits propriétaires.

Afin de rendre ce fonds plus considérable, on pourrait y affecter une retenue égale sur les produits du commerce, et sur la solde des divers employés de la compagnie.

Les procès-verbaux d'affermage des terres, de location des maisons et de vente desdites propriétés et usines seraient, à la diligence du commissaire-général près la cour des directeurs, enregistrés à Paris, et soumis à un droit fixe qui serait réglé. La compagnie ferait les avances de ces droits, à la charge des propriétaires.

Le timbre du sceau particulier à la compagnie et la signature du gouverneur seraient exigés pour la légalisation de tous les titres, pièces et actes quelconques, faits à Saint-Domingue: ils feraient foi en justice, étant revêtus du *visa* du commissaire-général du Roi près la cour des directeurs.

Tous les registres de la compagnie, ainsi que tous ses actes, quittances, reconnaissances, et toutes pièces comptables appartenant à son administration, seraient écrits sur papier timbré, auquel elle joindrait son timbre particulier, portant les armes, qui lui seraient affectées.

CHAPITRE XXI.

Intérêt ou mode de cautionnement à exiger par les agens, employés, et autres, au service de la compagnie.

A l'exception des officiers des troupes de terre et de mer, et des employés au service de la compagnie, dont le traitement annuel serait au-dessous de mille francs, tous les autres, de quelque grade et rang qu'ils soient, ne pourraient être employés, par ladite compagnie, s'ils n'y étaient intéressés pour une somme proportionnée à la moitié du traitement qui leur serait alloué par année.

Par exemple, le gouverneur, dont les appointemens pourraient être fixés à soixante mille fr., devrait être actionnaire de trente actions, et ainsi graduellement pour tous les autres emplois dans la ligne descendante.

CHAPITRE XXII.

Mode de paiement et de répartition de la somme de soixante millions à payer à la France, par Saint-Domingue.

On peut considérer les deux parties de territoire composant les gouvernemens haïtien et colombien comme jouissant d'un revenu public à peu près égal. Par conséquent en faisant la répartition des soixante millions, imposés par le Roi, par égale quotité entre lesdits Gouvernemens, chacun d'eux serait taxé à trente millions payables en cinq termes, ou six millions par année.

A cet effet, il pourrait être émis chaque année et tiré sur lesdits Gouvernemens pour la somme de douze millions, en rescriptions coloniales de Saint-Domingue. Ces rescriptions seraient divisées par coupons de cinq cents francs, portant intérêt à cinq pour cent.

Le trésor royal de France passerait ces rescriptions à l'ordre de la compagnie, laquelle serait chargée spécialement, pour le compte de la France, d'en suivre et faire opérer le paiement à Saint-Domingue, pour la part annuelle que doit acquitter chacun des Gouvernemens coloniaux.

Ladite compagnie tiendrait compte, tous les ans, au trésor royal des sommes qu'elle aurait perçues, et lesdites rescriptions ne pourraient être mises en circulation, en France, jusqu'à nouvel ordre.

Afin de faciliter les deux Gouvernemens coloniaux à s'acquitter, les rescriptions pourraient être reçues, à Saint-Domingue, en acquit de droits sur les marchandises et denrées importées dans les ports de l'île, ou exportées desdits ports par les bâtimens de la compagnie, et être admises dans toutes les opérations et transactions commerciales entre lesdits Gouvernemens et ladite compagnie. Le surplus serait acquitté en argent ou denrées.

Ces rescriptions seraient imprimées sur papier particulier, aux frais du Gouvernement royal, et on prendrait les mêmes précautions pour en garantir la contre-façon, que pour les billets de la banque. La même peine serait infligée aux contrefacteurs.

Il serait alloué une remise à la compagnie pour frais de rentrée des sommes au trésor royal, provenant desdites rescriptions.

CHAPITRE XXIII.

Dispositions de précautions politiques.

Dans le cas, non présumable, où l'heureuse paix qui existe entre la France et les autres puissances maritimes, viendrait à être troublée pendant la durée du privilége accordé à la compagnie, le cabinet des Tuileries pourrait faire négocier et interposer ses bons offices auprès des États maritimes, et notamment auprès du cabinet britannique, pour neutraliser la colonie de Saint-Domingue, ainsi que les comptoirs qu'y posséderait la compagnie de commerce.

Par cet effet, les bâtimens neutres et ceux du commerce des puissances belligérantes seraient reçus dans tous les ports de la partie française de l'île pendant le temps de la guerre, et les deux Gouvernemens de cette colonie seraient exempts d'y prendre aucune part directe ou indirecte.

Cette disposition semblerait ne pouvoir être rejetée des puissances maritimes; elle tire son origine de leur propre intérêt: elle s'accorde avec les principes de bienveillance dont elles sont animées, et elle peut devenir la base de dispositions plus étendues pour former entre elles une union plus intime, seule capable de prévenir les événemens dont elles sont menacées en Amérique, et, enfin, pour se garantir aujourd'hui leurs possessions respectives dans les deux Indes. Elles seront obligées d'en venir là, ou chacune d'elles perdra successivement les siennes. Nous avons démontré que cet événement s'avance à grands pas.

La compagnie de commerce de Saint-Domingue, composée d'intéressés étrangers comme nationaux, assure, aux premiers, une part qu'il dépend d'eux de retirer, dans les bénéfices du commerce de cette colonie; et rendant ce commerce, en quelque sorte, commun à tous, mais sans exclùsion de celui de la France, la compagnie aurait lieu d'attendre qu'ils se montreraient favorables à cette entreprise et à ses succès.

CHAPITRE XXIV.

Dispositions générales.

Si, à l'expiration du privilége accordé à la compagnie, le Roi ne jugeait pas à propos de le proroger, il serait procédé à la vente de tous les effets quelconques appartenant à ladite compagnie, de la manière que l'administration le jugerait le plus convenable à ses intérêts. Elle serait seule chargée de sa liquidation. Le produit net, après l'extinction de tous les engagemens tant en Europe qu'à Saint-Domingue, serait partagé entre tous les intéressés, au prorata de l'intérêt de chaque actionnaire (1).

Si la partie de l'administration qui regarde les intérêts des propriétaires à Saint-Domingue, n'était pas terminée à cette époque, il serait pris des dispositions particulières pour les régler et les garantir, en faisant compter la compagnie par une commission spéciale nommée à cet effet.

Il serait accordé à ladite compagnie, confor-

(1) Art. LVI de l'arrêt du Conseil d'État, du 14 avril 1785.

mément à ce qui a été fait en faveur de ces sociétés créées par les édits antérieurs, un pavillon particulier pour ses bâtimens, et qu'ils porteraient au-dessous du pavillon français.

CHAPITRE XXV.

Conclusions.

Il est facile de juger que, dans un projet de cette nature, aussi étendu, qui embrasse des intérêts aussi compliqués, nous n'avons pu entrer dans tous les détails que comporte le mode d'exécution; nous ne les avons même portés si loin, que dans l'intention d'en faire mieux saisir les avantages, et d'éloigner les craintes naturellement attachées, dans ce temps, à toutes les opérations qui exigent de grands capitaux.

Notre soin principal a été dirigé vers ce but unique d'appeler l'attention sur l'importance de Saint-Domingue, bien moins que sur l'efficacité des mesures que nous proposons, quoique nous les regardions, sauf le perfectionnement dont elles sont susceptibles, comme les seules qui puissent garantir le succès en prévenant toutes les chances contraires.

Notre système une fois reconnu, il faut laisser au commerce la liberté d'en obtenir les heureux résultats qu'il peut s'en promettre.

Une société éclairée, qui a des fonds à sa disposition, qui ne veut pas perdre ceux qu'elle a mis dehors, trouve des ressources que ne peuvent se procurer les Gouvernemens : il suffit que ceux-ci les protègent efficacement.

Le commerce, d'ailleurs, fait tout à meilleur marché: il achète de la première main. Ses bénéfices se composent de son économie. Son activité les multiplie. Le commerce est sans préventions, sans préjugés : il est utile à lui-même et aux autres.

Par notre projet, le Gouvernement est exempt de toutes dépenses dans cette entreprise. Il ne pourrait les supporter aujourd'hui, puisque les sommes reconnues nécessaires au ministre de la marine et des colonies sont affectées, spécialement, par le budjet arrêté, par les trois branches de la législation, au service courant de ce ministère.

Le Gouvernement en recueillerait, au contraire, des avantages certains et désirables dans la position des affaires. Cent cinquante à deux cents millions, par an, seraient mis de plus en circulation; ce qui donnerait au commerce une nouvelle vie, une nouvelle activité, et des moyens de travail à tant d'oisifs et à tant de malheureux.

Les personnes intéressées dans la compagnie ne peuvent jamais, individuellement, courir les risques d'une grande perte : le poids est tellement divisé qu'il devient plus facile à porter : les faibles efforts que chacun ferait, en cette circonstance, ne pouraient tendre qu'à assurer les bénéfices, et à les accroître.

Le sort des propriétaires de Saint-Domingue ne peut que s'améliorer, et non devenir plus malheureux.

Les concessions qu'on propose d'accorder à cette colonie sont grandes sans doute : elles blesseraient l'autorité d'un Roi moins magnanime, d'un génie moins élevé à la hauteur du siècle où il règne, pour en maîtriser les événemens, moins disposé, enfin, à tous les sacrifices qu'exige le bonheur de ses sujets.

Mais ces concessions sont déjà, en quelque sorte, tacitement consenties par d'autres États : elles sont en harmonie, et avec la politique, et avec les changemens opérés ou qui s'opéreront généralement partout.

Ces concessions, au surplus, ne sont que conditionnelles : elles deviennent définitives, si la raison les accueille avec une reconnaissance égale à la générosité qui détermine à les accorder.

Mais, si la nécessité l'obligeait, le Roi unirait ses forces à celles de la compagnie pour coopérer ensemble à la soumission des rebelles, par tous les moyens qu'autoriserait leur coupable obstination.

Les fonds de l'entreprise seraient faits. Tout serait préparé, il ne s'agirait plus que d'exécuter sur un autre plan avoué par le devoir et par la justice. Nous avons lieu d'espérer, et nous sommes autorisés à croire qu'on ne serait pas réduit à cette trop cruelle extrémité. Dans cette hypothèse, il y a des dispositions préalables et nécessaires qui ne peuvent faire partie de cet ouvrage.

Nous n'avons pas la prétention d'avoir fait mieux que les hommes d'État qui ont médité et traité cette grande question. Mais nous avons la conviction que personne n'y a apporté plus de zèle, et n'a été excité par une plus noble ambition d'être utile et de servir son Prince et l'État.

FIN DE LA DEUXIÈME ET DERNIÈRE PARTIE.

OPINION
DE M. FÉLIX-FAULCON,
DÉPUTÉ DE LA VIENNE,
Relative à la Colonie de Saint-Domingue,

Prononcée en comité secret, le 20 octobre 1814.

> I know no party, but record Truth.
> RAMSAY.

MESSIEURS,

Je ne viens point combattre la proposition faite par la commission, de laisser au Roi le soin de régler tout ce qui concerne Saint-Domingue ; je déclare, au contraire, que, sous tous les rapports, cette prérogative est essentiellement dans la nature des attributions royales ; mais, comme nous sommes ici en réunion qu'on peut appeler de famille, je vais m'expliquer avec l'entière franchise qui appartient à mon caractère et qu'il est de mon devoir comme dans mes droits de porter à cette tribune.

J'ai beaucoup médité la question qui nous occupe ; j'ai lu avec attention le rapport qui donne lieu à la discussion actuelle, et, quoique je sois déterminé à combattre une des dispositions qu'il contient, je ne me plais pas moins à reconnaître qu'il est fait avec beaucoup de mesure, ainsi qu'avec le rare talent qui distingue son estimable rédacteur; j'ai lu aussi les diverses brochures qui ont été publiées à cet égard; j'ai entendu parler plusieurs colons, et j'ai acquis la pleine conviction que leurs intentions et les intérêts de la patrie ne sont pas tout à fait synonymes.

Nous connaissons tous l'importance dont la colonie de Saint-Domingue fut autrefois pour la France; nous voudrions tous qu'il pût être possible de lui rendre immédiatement l'état florissant où elle fut jadis; mais le torrent de la révolution a passé sur elle comme sur tant d'autres choses utiles qu'elle a englouties, et qu'il est autant hors de notre pouvoir de rétablir maintenant, qu'il pourrait être imprudent de l'entreprendre, du moins par des moyens violens et absolus.

Si nous entendons la plupart des colons, si nous lisons leurs écrits, nous apprendrons qu'il faut se hâter d'équiper une escadre, d'envoyer sans délai une puissante armée à Saint-Domingue, et d'anéantir la population noire, si elle ne consent pas de suite à rentrer volontairement sous le joug.

Tout cela est bien aisé, sans doute, à placer sur les lèvres comme sur le papier; mais l'exécution n'en est pas tout à fait aussi facile, et, sans parler même des sanglans résultats qui seraient la suite nécessaire d'un pareil système, il ne faut que jeter un coup d'œil rapide sur l'état actuel de la France, pour voir qu'évidemment l'emploi de la force deviendrait très-préjudiciable à ses plus chers intérêts.

Notre patrie, qui a tant souffert, n'est-elle pas entièrement épuisée d'argent et d'hommes! Et c'est dans une situation aussi critique, et lorsqu'à peine elle commence à respirer, qu'on viendrait lui demander un nouveau sacrifice d'hommes et d'argent, pour aller conquérir un pays lointain, défendu à la fois par la nature du climat, par une population nombreuse, et par tous les sentimens qui sont susceptibles d'inspirer quelqu'énergie.

Où trouverait-on de nouvelles recettes pour subvenir à ces nouvelles dépenses? Et, s'il pouvait être possible d'en créer, pourquoi irait-on les employer au hasard, dans une expédition fort incertaine, au lieu de faire tant d'améliorations utiles dans l'intérieur de la France; au lieu de creuser des canaux, d'ouvrir des grandes routes, et de relever les ruines que les guerres civiles et étrangères, ainsi que des ravages récens et si près de nous, ont amoncelées de toutes parts!

Mais, supposons un moment qu'à force de sang et de trésors, nous parvenions à rentrer, par la force, en possession de la colonie de Saint-Domingue, il est bien évident qu'alors nous n'aurions que l'ombre de ce qu'elle fut jadis, et qu'il faudrait encore d'énormes dépenses pour la repeupler et faire renaître les moyens de culture; d'ailleurs, il suffit d'un peu de prévoyance pour sentir que la moindre guerre avec des voisins ambitieux et jaloux nous ferait perdre aussitôt le fruit de tant d'efforts ruineux.

Ah! rendons grâce à notre judicieux Monarque, de ce que, calculant dans sa haute sagesse les véritables intérêts de la France, il a su résister aux vues intéressées de quelques hommes.

Nous serons tous d'accord dans nos vœux, si on les modifie dans ce sens, qu'il faut se borner toujours à user de moyens conciliatoires, comme à envoyer à Saint-Domingue des hommes sages dont la moralité et les principes connus puissent inspirer aux noirs quelque confiance, et les disposer à reconnaître une autorité tutélaire, sous l'égide de laquelle ils pourraient désormais vivre plus tranquilles et plus heureux.

Si, ce qu'à Dieu ne plaise, il était possible qu'une opinion contraire pût prévaloir, et qu'au lieu de porter constamment à Saint-Domingue des paroles de paix, on voulût y porter la guerre au détriment notoire de la nation, et si cette entreprise hasardée n'était pas suivie du succès, ce qui entraînerait à jamais la perte de cette colonie, les armateurs et les colons ne sentiraient que trop alors, que les calculs réfléchis d'une prudente lenteur eussent été préférables à la précipitation de leur influence.

Maintenant, Messieurs, j'arrive à la disposition que j'ai intention de combattre; et, après vous avoir rappelé que les intérêts les plus positifs de la patrie exigent impérieusement que, pour rentrer en possession de Saint-Domingue, on n'ait point recours à la ressource funeste des combats, je dis qu'il ne faut pas laisser, dans la résolution qu'on nous propose, des expressions qui semblent préjuger une opinion contraire.

En effet, si je lis le rapport, je trouve, à la page 14, *que la Chambre des Députés doit se montrer disposée à voter les subsides nécessaires pour recouvrer la colonie;* si je lis le projet de résolution, je vois, au paragraphe second, que *c'est au Gouvernement à proposer les subsides qu'il jugera nécessaires.*

Or, comme il est de toute évidence qu'il ne faudrait des subsides extraordinaires que dans le cas où on voudrait rentrer par la force dans Saint-Domingue, et qu'ils sont tout à fait inutiles si on veut se borner à n'employer que des voies de douceur et de conciliation, je craindrais qu'en adoptant le paragraphe dont je viens de faire sentir les conséquences, la Chambre ne contractât une sorte d'engagement qu'il importe de ne pas prendre, et c'est ce qui me détermine à en demander la suppression.

Du reste, j'ai la douce conviction que, par des mesures pacifiques et bien ordonnées, il est possible de réunir à la France cette colonie; mais, avant tout, il me semble qu'il faudrait commencer par faire aux noirs la promesse formelle et solennelle, tant de la jouissance de leur liberté, que d'une portion d'intérêt dans les produits des propriétés dont ils soigneraient la culture.

Cette promesse, qu'il faudra observer avec une exactitude religieuse, me paraît d'autant plus indispensable, qu'on ne peut pas croire raisonnablement que des hommes aguerris, et couverts de leurs armes, viendront docilement se remettre sous le joug de l'esclavage, et se livrer à des fatigues continuelles qui seraient pour eux sans profit.

Je sais que les passions raisonnent tout différemment; mais la froide sagesse, qui ne se nourrit pas d'illusions, envisage les choses sous leur véritable aspect, et c'est elle qui commande les concessions qu'il me paraît indispensable d'accorder aux noirs de Saint-Domingue.

C'est ainsi, Messieurs, et seulement ainsi, qu'il faut essayer de rattacher cette colonie à la France; il suffit de connaître un peu le cœur humain pour se convaincre, qu'en consentant que les noirs soient libres, et en leur abandonnant une part dans le produit de leurs travaux, on les unira à la métropole par des liens beaucoup plus forts que tous ceux de la servitude; et certes, s'il arrivait jamais que quelque Gouvernement avide osât convoiter une colonie ainsi régénérée, il trouverait, dans ces mêmes noirs, intéressés alors à la défendre, une opposition formidable qu'il serait toujours hors d'état de surmonter.

Je livre à la sagacité de vos réflexions ces idées importantes dont je n'ai pu tracer, en cet instant, qu'une esquisse rapide; au reste, lorsque le moment sera venu de traiter, en thèse générale, la question de l'esclavage et de la traite des noirs, il ne sera pas difficile de démontrer, à cette tribune, très-évidemment et sans aucune exagération de philantropie, que les intérêts bien entendus de la patrie sont parfaitement d'accord avec les droits de l'humanité et de la nature.

Tant qu'à présent, Messieurs, c'est au Roi seul qu'il appartient de statuer tout ce qu'il peut être convenable de faire relativement à Saint-Domingue; mais qu'il me soit permis, en finissant, de réitérer ici le vœu bien sincère, que notre sage Monarque persiste toujours à n'employer que des moyens doux et conciliatoires pour ramener à son obéissance des hommes aigris, qu'il importe beaucoup de persuader, mais qu'il ne faut pas essayer de combattre.

En conséquence, d'après les diverses considérations que j'ai fait valoir, et, pour préserver la Chambre d'une sorte d'acquiescement prématuré à une levée de subsides qu'il pourrait être dangereux de consentir, je persiste à croire qu'il est convenable de supprimer le deuxième paragraphe du projet de résolution.

FIN DE L'OPINION DE M. FÉLIX-FAULCON.

TABLE
DES MATIÈRES.

PREMIÈRE PARTIE.

DEUXIÈME PARTIE.

FIN.

www.ingramcontent.com/pod-product-compliance
Ingram Content Group UK Ltd.
Pitfield, Milton Keynes, MK11 3LW, UK
UKHW012013240726
13965UKWH00002B/331